汉竹主编●健康爱家系列

普拉提教程：
初学到高手（第二版）

韩俊 / 编著

扫描二维码看视频

江苏凤凰科学技术出版社
全国百佳图书出版单位
·南京·

图书在版编目（CIP）数据

普拉提教程：初学到高手 / 韩俊编著. — 2版. — 南京：江苏凤凰科学技术出版社，2022.01
（汉竹·健康爱家系列）
ISBN 978-7-5713-2450-6

Ⅰ.①普… Ⅱ.①韩… Ⅲ.①健身运动 – 教材 Ⅳ.①G883

中国版本图书馆CIP数据核字（2021）第202139号

中国健康生活图书实力品牌

普拉提教程：初学到高手（第二版）

编　　著	韩　俊
主　　编	汉　竹
责任编辑	刘玉锋
特邀编辑	牛梦月
责任校对	仲　敏
责任监制	刘文洋
出版发行	江苏凤凰科学技术出版社
出版社地址	南京市湖南路1号A楼，邮编：210009
出版社网址	http://www.pspress.cn
印　　刷	合肥精艺印刷有限公司
开　　本	889mm×1194mm　1/20
印　　张	18
字　　数	350000
版　　次	2022年1月第2版
印　　次	2022年1月第1次印刷
标 准 书 号	ISBN 978-7-5713-2450-6
定　　价	88.00元（书内附赠视频）

图书如有印装质量问题，可向我社印务部调换。

自序

最早学习普拉提，是想了解普拉提和瑜伽的不同，为会所增加新的项目。2003年，我遇到了第一位普拉提老师瑞尔·艾萨考维茨（Rael Isacowitz）。感谢瑞尔精准的教学，普拉提的学习如"他山之石可以攻玉"，我好像找到了一本解码手册，同一直以来读过的瑜伽经典、运动医学相互印证，心中逐渐豁然开朗。随后在同海伦·塔登特（Helen Tardent）、乔纳森·沃拉（Jonathan Urla）等普拉提老师学习的过程中，每位老师对同一动作的不同处理方式以及表现形式给了我更深的启发。在这里，向每一位教授过我的老师致以谢意和敬意。

在普拉提动作和瑜伽体位的转换中，原来一直不甚分明的生物力学开始变得得心应手，后来禅悦瑜伽虽然只是在私教以及高级课程中使用了普拉提课程，但是普拉提的学习帮助我确立了禅悦瑜伽的教学原则——用现代人便于理解的方式教授瑜伽。比如，教授体位时不但要使用"了了分明"这样瑜伽味十足的词汇，更要用现代运动理论的"正确肌肉募集顺序"为练习者解释清楚何为"了了分明"。不再只是要求学员"做不到不要勉强跟随"，而是使每位练习者都可以在同一动作中以适合自己身体状况的变体达到练习目的。

我想，我的收获也正是许多瑜伽教练和练习者同样想得到的收获。所以，我愿在书中同您分享。本书在第一版的基础上，做了两处升级改动。一是给难点动作添加图示，以便练习者对姿势掌握更准确；二是增加了产后康复的相关内容，让妈妈们通过练习缓解产后不适，改善身体状况。

同时，想告诉我的读者朋友，为了更好地理解和教授挚爱的瑜伽，瑜伽经典、印度哲学史略和运动医学的学习是基础。另外，除了普拉提，我还学习了太极、中医、佛学、健身教练课程以及不同体系的高级私教和物理治疗师课程。为了理解瑜伽的不同唱诵派别与声密的原理，我还学习了古琴。这些经历使我对瑜伽的理解更加深入，同时，瑜伽练习也使我学习其他知识时能更快地掌握要领，得窥门径。坦白这些并不是为了炫耀什么，而是想说，有时想更好地理解某些存在不但需要深度，还需要广度和角度。所以，恭请大家雅正拙作，亦盼能抛砖引玉，使您的练习有更大进益。

韩俊 致敬
2021年12月

摒弃一切繁琐堆砌，避开一切心理暗示，通过针对性极强的简单动作，直接唤醒身体中那些最单纯的关于美的能力。

这就是 *普拉提*——站在你面前，送来豁达，带来朝气，

顷刻打造阳光挺拔、玉树临风的全新自己。

如果身体的律动是一种语言，它将会告诉你：

从现在开始，爱上普拉提。

目录

上篇 普拉提与瑜伽的区别

你的核心困惑是普拉提垫上运动与瑜伽体位的区别 /2

瑜伽好比民族舞,普拉提好比芭蕾舞,看哪一样更适合你 / 2

瑜伽源于自然及深厚的人文背景 / 3

普拉提基于现代解剖学,更易被接受 / 4

瑜伽利心态,普拉提利体态 / 4

瑜伽增强柔韧性,普拉提增强身体稳定性 / 5

普拉提垫上运动的节奏比古典瑜伽快 / 5

普拉提练习简单直接,不需要思考太多 / 6

普拉提并不比瑜伽难,有些人练习反而更简单 / 6

比瑜伽更为精准的康复方案 / 7

瑜伽与普拉提在概念上的不同 / 8

约瑟夫·普拉提：让死神绕道的康复传奇 /10

源自德国，专注于康复练习 / 11

立足解剖学，没有形而上的玄学 / 11

取材芭蕾，深受演艺圈和舞蹈界认可 / 12

融合瑜伽，舒缓减压，异曲同工 / 13

哪些人特别适合练习普拉提 /14

有运动损伤或其他特殊需求的朋友 / 14

体态不良急于修正的朋友 / 14

办公室一族 / 14

无任何运动基础的朋友 / 15

各种健身爱好者 / 15

压力较大的"负压"人群 / 15

产后恢复的妈妈 / 15

掌握练习原则，就掌握了普拉提的灵魂 /16

似曾相识的基础术语，有助于理解教练的话 /18

练习这样开始 /22

准备 / 22

休息与放松 / 24

常见错误动作的简易纠正口令 / 25

下篇
垫上练习体位大全

身体适应性练习 /28
从头到脚 / 28

骨盆、脊椎中立位稳定性练习 /34
站姿 / 34
坐姿 / 40
支撑姿势 / 42
侧卧 / 44
俯卧 / 45
仰卧 / 46

呼吸 /50
三种呼吸模式 / 52

起始动作为仰卧 /54

骨盆卷动 / 56

胸部抬起 / 58

胸部抬起并旋转 / 60

单 / 双腿抬起 / 64

仰卧脊椎旋转 / 66

百拍（一百次）/ 70

单腿伸展 / 76

双腿伸展 / 78

腹斜肌单腿交叉伸展 / 80

肩桥 / 82

卷曲上提 / 86

腿画圆圈 / 90

超越卷动 / 92

开瓶式旋转 / 96

腘绳肌伸拉 / 100

腹斜肌腘绳肌伸拉 / 104

双腿下降 / 106

颈椎上提 / 110

折刀 / 112

剪刀式 / 114

单车 / 116

平衡控制 / 118

卧位跳跃 / 120

起始动作为坐姿 /122

肩胛提肌伸展 / 124

滚动如球 / 126

菱形伸展 / 128

分腿平衡 / 130

分腿滚动 / 132

海狮滚动 / 134

单腿T挑战预备式 / 136

T挑战预备式 / 138

双腿抬起T挑战预备式 / 142

基本T挑战 / 144

T挑战 / 146

飞翔 / 148

彩虹 / 150

脊椎伸展 / 152

脊椎旋转 / 154

脊椎旋转并伸展 / 156

锯式练习 / 158

后置支撑 / 160

后置前拉 / 162

回力式练习 / 164

蟹式练习 / 166

康康舞式 / 168

髋画圆圈 / 172

肩画圆圈 / 174

肩髋画圆 / 175

美人鱼 / 176

起始动作为侧卧 /182

侧提 / 184

侧屈 / 186

侧踢 / 188

侧提侧屈 / 190

单腿侧提 / 192

侧画小圈 / 193

障碍练习 / 194

侧卧巴特曼 / 196

脚跟触碰 / 198

侧卧下方腿抬起 / 200

侧卧下方腿画圈 / 202

侧卧上方腿画圈 / 203

星光 / 204

侧画大圈 / 206

侧剪刀式 / 208

侧踏单车 / 210

四方伸展 / 212

蚌式预备式 / 213

基础蚌式 / 214

单腿蚌式 / 216

蚌式 / 218

攀登式 / 220

侧弯 / 222

侧弯扭转 / 226

起始动作为跪姿 / 228

猫式伸展 / 230

前置支撑 / 232

前置后拉 / 234

前冲伸展 / 236

登山者 / 240

向上伸展 / 242

跪姿侧踢 / 244

跪姿侧提 / 246

跪姿侧画小圈 / 248

跪姿侧弯 / 250

跪姿扭转 / 252

俯卧撑 / 254

起始动作为俯卧 /256

基本背伸展 / 258

俯卧腿抬起 / 260

俯卧臂抬起 / 262

泳式 / 264

桥式平衡 / 266

单腿踢 / 268

双腿踢 / 270

脚跟击打 / 272

菱形按压 / 274

天鹅下潜 / 276

摇动 / 280

休息体位 / 282

起始动作为站姿 /284

向下卷动 / 286

胸扩展 / 287

旋蹲 / 288

拉链式 / 290

踏步伸展 / 291

手臂画圈 / 292

转体 / 293

划船 / 294

跨步 / 296

前后抬腿 / 297

地上画圈 / 298

风车 / 299

燕式平衡 / 300

附录1：本书普拉提晋级图谱 /302

附录2：普拉提常用小工具的使用 /312

附录3：普拉提姿态矫正和产后康复训练方案 /317

附录4：人体结构解剖图谱 /318

上篇
普拉提与瑜伽的区别

普拉提创始人约瑟夫·普拉提对包括瑜伽在内的不同锻炼方式兼收并蓄，他最早为自己所创立的运动形式取名为"控制学（Contrology）"。读过《瑜伽经》的朋友应该记得，这本书中对瑜伽的定义是"瑜伽是对识与念的控制"。加之普拉提垫上运动同瑜伽体位同为赤足垫上练习，从这一点来讲，普拉提同瑜伽的渊源可谓不浅。但无论如何相似，植根于欧洲大陆、亮相于美国纽约的普拉提同瑜伽体位还是有很大不同的。

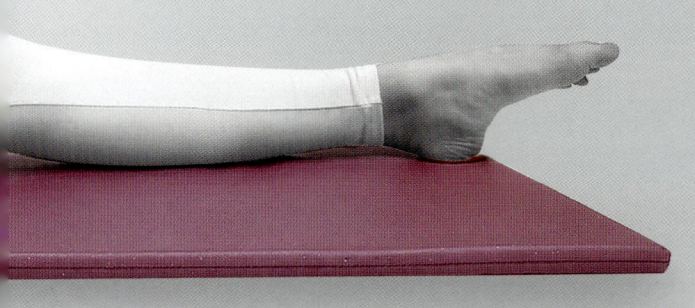

你的核心困惑是普拉提垫上运动与瑜伽体位的区别

瑜伽作为古印度哲学体系的一部分，由8个部分组成，体位只占瑜伽体系的1/8。普拉提自1926年在纽约正式亮相至今，不足百年，身体活动形式是其主导部分。两者之间有根本性的不同。

健身人群对两者的核心困惑应该是：同样赤足于垫上、同样徒手，通过不同体位使身体得到锻炼的普拉提垫上运动同瑜伽体位之间又有什么不同。本书从以下方面来解读两者之间的区别。

瑜伽好比民族舞，普拉提好比芭蕾舞，看哪一样更适合你

这个区别可以说是从两者的练习风格来界定的。普拉提垫上运动的练习设计从人体解剖学出发，并以此设置出自己独特的练习原则与规则。其动作要求严谨，逻辑性强，练习风格酷似与其根脉相连的芭蕾舞。

而瑜伽体位的练习风格则酷似民族舞，更加通俗、感性，源于人与自然的交流，追求自然的感觉与环境地域风格的人文融合。

瑜伽源于自然及深厚的人文背景

从瑜伽体位的名称就可以看到瑜伽跨越时空的发展进程。从自然万物到神明和传奇英雄，瑜伽体位无所不包，练习者在模仿的过程中，强化着身体，也让真理之光自然持续地流过专注的神情。

普拉提的练习方法基于约瑟夫·普拉提对解剖学的深入了解以及与拉班（Laban）、维格曼（Wigman）等大师级舞者的合作探讨。

虽然约瑟夫·普拉提创建这项运动有利于获得健康及体力，但他本人认为在这项运动中极重要的一点是："控制学"不仅仅是一项健身养生的系列练习方法，更是一种全面、长期的生活方式与方法（It is important to mention that regarded his method. Which's called contrology, as a way of life and a path to total health rather than merely a series of exercises）。

这种说法虽然更贴近瑜伽，但瑜伽以哲学之本引出体位之技，而约瑟夫·普拉提则是以体位之技渐悟哲学，出发点已然不同。所以，在普拉提的传世过程中，人们对于普拉提对人体功能运作的认同远大于对其人文思想的认同。不得不说这也是两者间极大的区别。

普拉提是集瑜伽、芭蕾、体操于一身的身体训练，动作要求严谨，风格酷似芭蕾舞。

普拉提基于现代解剖学，更易被接受

"收根锁，有利于生命能量上行"和"收紧盆膈肌，使核心肌群自深层收紧，有利于身体的稳定和动作的表现"这两句话指的是同一个动作和目的。但毫无疑问，现代人更易理解和接受的是第二种，也就是普拉提的表达方法，因为这样表达出的内容基于现代解剖学，只要有心就可以看得见、找得到，只要咨询身边的医生就可以得到相关医学理论依据并获得赞同，所以更容易为人所接受。

瑜伽利心态，普拉提利体态

瑜伽练习后最明显的效果是心情变好，压力缓解；普拉提练习后则可以明显感受到腹部收紧，腰背挺拔。这种区别与两种不同的练习方式所导致的肌肉锻炼形式不同有很大的关系。

普拉提避开一切心理暗示，通过针对性极强的简单动作，直接唤醒身体中那些单纯的关于美的能力。

瑜伽增强柔韧性，普拉提增强身体稳定性

普拉提练习的重点集中在肌肉等长和等张收缩上，同时强调向心及离心收缩，在"整全(whole)"（见第17页）的原则下首先强调稳定肌训练。瑜伽体位的练习在全面性的原则下，也是首先强调稳定肌训练。瑜伽之父帕坦伽利(Patanjali)在《瑜伽经》中指出，体位法是舒适稳定的姿势。但瑜伽体位练习重点较普拉提而言，更偏向肌肉的伸展以及等长、离心收缩。

普拉提垫上运动的节奏比古典瑜伽快

传统的瑜伽体位练习要求将注意力放在身心的感受上，学会同身体对话，学会审视内心，借此减少心神不定、患得患失的状态。对于一般练习者而言，别说了解，就是身体当下哪一部分在动都是不可知的。所以，练习中对于这种自知的培养最有效的办法是分解细节，放慢节奏。并且，以静态伸展和PNF伸展[①]为主导的瑜伽伸展动作，耗时是在所难免的。同瑜伽体位的主导目标在于自我认知所不同的是，普拉提垫上练习的主导目标在于身体本身的肌肉、关节。

普拉提所提倡的身心集中与控制也是以对动作的理解为出发点的，强调用肌肉的锻炼来保证身体的正确排列与稳定，所以同传统的瑜伽体位练习相比，普拉提节奏要快些。

[①] PNF伸展：又称为本体感受神经肌肉性促进法，是采用刺激人体组织感受器"本体觉"来募集最大数量的运动单元参与，激发其潜力来促进神经肌肉功能的恢复，从而提高锻炼效果。瑜伽或普拉提中最常使用的PNF只是其中的一种"收缩——放松"练习。它是利用牵拉肌肉引起其牵张反射，促使痉挛或紧张的肌肉放松，达到加大关节活动幅度的目的。练习步骤是：16秒以上的静态伸展，然后被拉长的肌肉对抗阻力4~6秒；再使肌肉放松6秒；接下来这组肌肉会在静态伸展中达到更大幅度。如此重复3~5组。

普拉提练习简单直接，不需要思考太多

因为源自古印度哲学体系，瑜伽体位不但是身体的练习，更是一种体悟的手段。所以，瑜伽在练习中附加在体位上的话语充满禅意，同体位带来的身体感觉一起冲击着心灵。而对于普拉提而言，没有明确目标肌肉，便不能决定动作方向；没有明确训练目标，便不能获得整个运动带来的好处。所以，普拉提附加在练习上的精确口令提示源自生活中的切身感受，与正确执行动作有关。

普拉提并不比瑜伽难，有些人练习反而更简单

普拉提进入中国健身市场的时间并不长，很多朋友对这项运动仍然缺乏了解。在市场调查中，大部分练习过普拉提的朋友对其贯穿于训练始终的核心肌训练表示心有余悸，对其经典动作"百拍"（见第70页），大呼吃不消。

其实，如同对瑜伽不了解的朋友会以开玩笑的口吻问"练瑜伽是不是可以把脚放到头上面"一样，这只是对普拉提练习的一种误解。合格的普拉提教练会以精确的动作分析为练习者提供更贴切的动作变体，以保证练习者在自身条件下有效并正确地完成动作。所以普提拉并不比瑜伽体位难。对于肌耐力较好、柔韧性相对较弱的朋友而言，在练习之初，普拉提可能会让人觉得更简单些。

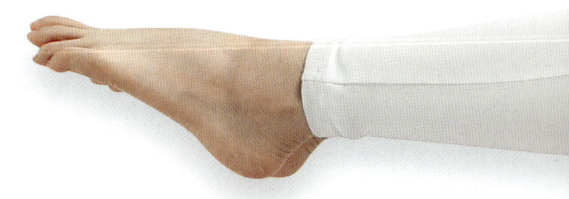

柔韧性较弱、肌耐力较好的人在最初练习普拉提时，会觉得更简单些。

比瑜伽更为精准的康复方案

在瑜伽古老的八支分行法中,"禁制""遵行"是必须达成并放在体位练习前面的内容。"读诵"则是五禁制五遵行中必须恪守的内容之一。换句话说,当有资格开始练习瑜伽体位时,练习者应该已经熟练地掌握了关于体位练习的所有游戏规则。不过随着时代沿革,现代极多的瑜伽练习者已经是直接从体位入手,忽视了体位练习前的知识累积。加之瑜伽经典中哲学体系占绝大多数,所涉及的医学部分对于现代人而言更是晦涩艰深,所以虽然瑜伽体式的理疗功效享誉千年,但脱离了理论依据的运动处方总是让人感觉稍欠精准。

与此相对照的是,学习普拉提,良好的知识储备是非常重要的。如果不能时刻保持对运动解剖及生理学的了解,将无法驾驭训练的演进过程,对较现代化的普拉提工具也将无从下手。事实上,在对运动医学知识的不懈研究下,人们让普拉提始终保持着自然及良好的演进过程:一方面帮助学员矫正错误,有效提升运动技巧;一方面把"整全"概念融合在康复训练中,借助连贯动作及普拉提仪器有针对性地精准训练,使特殊人士的康复训练成效斐然。

瑜伽与普拉提在概念上的不同

请大家通过不同的定义自行感知一下两者的不同。

瑜伽

沉着地去履行责任,放弃对成败的一切执着。这样的心意平衡就叫作瑜伽。

——《薄伽梵歌》

当感观静止、精神休息、心智不再摇摆不定,这种对感观和精神的稳定控制被称为瑜伽。

——《加德奥义书》

瑜伽是对识与念的控制。

——《瑜伽经》

瑜伽意味着对身体、精神以及对真理的崇敬,对所有这些力量的驾驭;它也意味着对人类智力、大脑、情感、意志的规范;它还意味着精神的平衡,从而使一个人能够均衡地审视生活的所有方面。

——《甘地谈薄伽梵歌》

现代练习者对瑜伽体位及相关训练法的看法

瑜伽是起源于古印度的哲学,现在我们所练习的瑜伽则是脱胎于此的一种包括运动体操、心理调节、心智开发、个人卫生、健康饮食在内的极具功效的一整套健身方法。

普拉提

普拉提练习是一种注重姿态对称性、腹部力量、呼吸控制以及脊柱骨盆与肩部稳定性,肌肉柔韧性和关节灵活性的身体练习方法。它通过所有关节的全范围活动代替单独肌肉群的活动使其加强,也就是使四肢与躯干融为一体的一种全身活动方式。

——普拉提训练法协会

现代,普拉提练习法是一个统称,这名称意指参照约瑟夫·普拉提的锻炼法而引申的练习。普拉提的理念认为若要达到身体强壮,一定要有一个整全的概念,于动作收缩时,身体其他部分亦要进行等长收缩以保持稳定,确保体姿及排列正确。同时普拉提认为,普拉提式训练不单是一系列动作,而是一种对生活方法及一套身体整全的理念。此类练习不仅是体能训练的方案,而且是一种终生及完全的过程。

约瑟夫·普拉提：
让死神绕道的康复传奇

　　普拉提的创始人约瑟夫·休伯特斯·普拉提（Joseph Hubertus Pilates），1880年出生于德国杜塞尔多夫（Dusseldorf）附近的一个小镇——蒙城拉德巴赫（Monchengladbach）。自幼疾病缠身的他凭借坚强的毅力，自我锻炼，在十几岁时终于克服了身体缺陷，摆脱了哮喘、佝偻病以及风湿热等疾病的纠缠。在1918年那场有5000万至1亿人丧生的横扫世界的大流感中，身处集中营的约瑟夫·普拉提满怀自豪地说，在其运动体系的庇护下，他身边所有被拘禁的人员未受到致命的流感病毒的死亡威胁。1925年，约瑟夫·普拉提在前往美国的旅途中，用自己的运动体系帮助克拉拉（Clara）解除了关节炎的病痛，并成功赢得美人芳心。1926年以后，大量的芭蕾舞者通过普拉提的康复训练重获完美的舞台表现力。1966年，86岁的普拉提说："我一定是正确的。在我的生命中，从来没有阿司匹林，从来没有一天遭受损伤病痛。整个国家，整个世界，都应该来进行这项锻炼，他们将从中受益变得更快乐。"（I must be right .Never an aspirin,never injured a day in my life.The whole country,the whole world ,should be doing my exercises .They did be happier. ）终其一生，约瑟夫·普拉提将其所创立的训练法书写成了让病魔和死神绕道的康复传奇。

源自德国，专注于康复练习

日耳曼民族性格里的严谨自律与钢铁意志，让约瑟夫·普拉提自幼便在改善自己身体状况的健身之路上广泛探索，研习了东西方不同的锻炼方式。他练习过拳击、摔跤、自卫术、滑雪、跳水、体操、健美、瑜伽、武术、禅宗静坐、芭蕾以及希腊和罗马的养生功。亲身试练与身体的改善为日后创造普拉提提供了第一手的康复资料。

1914年，身处英国的他因为第一次世界大战的爆发，同其他滞留英国的德国人一起被拘押在兰卡斯特（Lancaster）。这期间，约瑟夫·普拉提开始将他独特的健身方式传授给拘押在一起的伙伴。而普拉提垫上运动体系也借此创立。随后，他被转移到马恩岛（Isle of Man），在那里的集中营，他帮助伤病人员进行康复治疗，并设计制造了第一台普拉提训练器械"重组训练器"（Reformer）。后来，普拉提工作室的客户群体中需要康复的舞者占据了相当比例，这也使得普拉提运动更为关注运动损伤后的调整与康复。在约瑟夫·普拉提的职业生涯中，他利用自创的器械设计了超过600种不同类型的康复练习。这些在没有任何科研经费及背景支持下取得的成就，使普拉提直到今天仍然为人所赞叹。

立足解剖学，没有形而上的玄学

约瑟夫·普拉提的母亲是一位理疗师，父亲是职业体操运动员。可能正是这种家庭熏陶，使他对解剖学情有独钟，青年时期的普拉提还做过解剖学图片中的模特。他的家庭医生曾送给他一本有关解剖学的书，这让他如获至宝，从此对奇妙的人体研究更加迷恋。虽然14岁以后因为各种原因，约瑟夫·普拉提没能进一步接受正规教育，但对于人体解剖学的迷恋使他没有放弃学习。直到如今，源自对运动解剖学的熟练掌握所具有的动作分析能力，依然是一名具格普拉提教练所不可或缺的能力。约瑟夫·普拉提认为，在选取一系列训练动作之前，必须先研究分析动作，以便在不同环境下应用最有效、最恰当的技法得到预期的效果。

有运动损伤的朋友更适合通过普拉提来调整与康复。

取材芭蕾，深受演艺圈和舞蹈界认可

约瑟夫·普拉提的一生，同芭蕾渊源甚深。下面你将看到一连串在世界芭蕾史上星光熠熠的名字。而这些大师巨匠，同约瑟夫·普拉提的职业生涯都有密不可分的联系。时至今日，世界知名舞团都有自己的普拉提工作室或同某些著名普拉提工作室密切合作，彰显着两者之间非同寻常的关联。

1919年，约瑟夫·普拉提返回德国，出任汉堡军警的防身术及健身教练。在此期间，同"现代舞理论之父"、著名的拉班舞谱创始人——匈牙利人鲁道夫·冯·拉班（Rudolf Von Laban）以及他的学生，欧洲表现主义现代舞创始人之一——德国人玛丽·维格曼（Mary Wigman）相识。正是这两人引领约瑟夫·普拉提与芭蕾结下了不解之缘。约瑟夫·普拉提与他们合作继续完善研究自己的运动体系。这两人也将普拉提垫上练习融入到自己的舞蹈训练之中。

1926年，约瑟夫·普拉提在美国纽约的工作室成立，同著名的纽约城市芭蕾舞团比邻而居，并有幸与美国芭蕾之父乔治·巴兰钦（George Balanchine）共同研究，一起完善这一训练方法。现代舞"格雷厄姆技巧"创始人马撒·格雷厄姆（Martha Graham）则鼓励她的演员到普拉提的工作室学习这一练习以完善舞蹈训练。约瑟夫·普拉提还与泰德·肖恩（美国舞蹈之父）、露斯·圣·丹尼斯（与她的丈夫泰德·肖恩并誉为美国舞蹈的源头、现代舞早期发起人）、杰罗姆·鲁宾斯（美国戏剧舞蹈大师、美国音乐剧史上最具影响力导演和编舞大师），以及汉雅·霍尔姆（现代舞教育家）等一起就节拍、原理等问题进行过比较研究，形成了普拉提与舞蹈的合作共赢以及普拉提的进一步完善。

约瑟夫·普拉提：让死神绕道的康复传奇

融合瑜伽，舒缓减压，异曲同工

如果瑜伽体位是温和日影，普拉提便是焕彩霓虹；如果瑜伽体位是天心清月，普拉提便是绚烂星辉。看似不同，但不离光之本质。瑜伽体位舒适稳固，自知自控。普拉提强调核心及正确身体排列的稳定性，集中注意力于每个动作细节。当瑜伽强调体位配合收根锁时，普拉提在讲正确的肌肉募集顺序。言语表述不同，实相绝无二致。

约瑟夫·普拉提少时也进行过瑜伽练习，不管是异曲同工还是有意而为，普拉提垫上运动中瑜伽体位的影子依稀可见。约瑟夫·普拉提在他的晚年著述中反复强调"此类练习不仅是体能训练方案，而且是一种终生及完全的过程"。这同提倡瑜伽是一种生活方式的阐述不谋而合。约瑟夫·普拉提将自己的运动体系定名为"控制学"（Contrology），普拉提夫妇工作室的名称也是"控制学"（Contrology）。打开《瑜伽经》，开篇即言：瑜伽是对识与念的控制。当今普拉提教练的构成也是以舞者与瑜伽者居多。沿着普拉提的足迹，我们可以清晰地看到其少年所学渐至成年之悟所形成的普拉提哲学理念。

哪些人特别适合练习普拉提

俗话说"萝卜青菜各有所爱"。虽说普拉提老少皆宜、雅俗共赏，但因为运动本身的特点，总有一些朋友会更快、更明显地收获到练习收益。

有运动损伤或其他特殊需求的朋友

前文提及自普拉提创立之初，康复训练已成为其重要的运动理念。近百年的理论与实践互相印证、经验积累，对于人体损伤后的康复与调整、动作的矫形训练，普拉提是不二之选。不过对于有这部分需求的朋友，需要特别注意以下几点：

1. 练习前请咨询医生的建议再做决定。
2. 随时在教练与医生之间做好信息传递。
3. 注意康复时效。
4. 请选择具格教练。

体态不良急于修正的朋友

圆肩驼背、腹部凸出、O形腿、X形腿、塌腰鸡胸、体脂超标、瘦弱不足……不管是什么体态问题的困扰，找到普拉提，就能迅速摆脱，让体线优美流畅。不过有两点需要说明：

1. 如果你更偏重东方古典审美，那还是练瑜伽比较好，因为普拉提打造的身材是《古墓丽影》里的"劳拉"[①]。
2. 对于快速修正体态，选择正规私人教练是性价比比较高的选择。

办公室一族

办公室职员、司机等久坐、腰腹无力的人群：普拉提对于核心肌的重视程度会在最短时间内让人丢掉"救生圈"，拯救腰椎，救赎颈椎，恢复挺拔身姿。

---

①劳拉：电影女主角，在这里代指富有力量的体态。

无任何运动基础的朋友

无运动基础且喜行事速战速决的朋友一定要选普拉提：普拉提的练习节奏较古典瑜伽快，练习步骤较其他有氧操明晰易掌握，上手容易见效快，简单实用又好玩。

各种健身爱好者

健身爱好者、舞者以及体能教练直至高级私教都离不开普拉提：超强的核心肌力，兼具灵活敏捷的躯干稳定性，使身体的运动表现游刃有余，并将运动损伤的可能性降到最低。对于舞者、运动员、健身爱好者来说，普拉提是当仁不让的日常训练项目。源自现代运动医学的坚实理论基础与康复实践相融合打造出的超高实用性与专业度，让教练一族有更广泛的运动方案和运动处方的选择空间，更是其不可或缺的职业技能。

压力较大的"负压"人群

普拉提低强度、高准确度，较瑜伽有更为强烈的运动感，能更好地改善身体的摄氧性，用清新活力驱除无形压力。

产后恢复的妈妈

强调核心训练的普拉提有助于产后松弛部位的收紧，是业内一致公认的对于产后恢复最有帮助的训练方法之一。

掌握练习原则，
就掌握了普拉提的灵魂

约瑟夫·普拉提在世时并未留下经典巨著，1934年发表的《你的健康》和1945年发表的《以普拉提重返生活》两部作品是他给后来练习者留下的文字记录。人们猜测，这是因为如普拉提般具有创造性的老师不希望这项训练法受到任何人为限制，让普拉提训练法能不断演进和发展才是他梦寐以求的理想。但在这两部作品中，我们依然可以体悟到他敏锐的思想和他对运动哲理的领悟。

约瑟夫·普拉提在撰写的文章中言明，他所设计的每项练习都遵循6个基础原则，它们是：专注（concentration）、控制（control）、重心（centre）、精确（precision）、流畅（flow）、呼吸（breath）。随着越来越多的人钻研这些著作，有学者认为，"整全（whole）"也是他指出的普拉提训练法的重要基础原则。

所有的普拉提教学均源于这些基础原则，这也是普拉提区别于其他训练方法的最根本要素。

约瑟夫·普拉提离世后，随着后人多年的演进，普拉提也渐渐衍生出不同的派别。不同的普拉提流派相继在普拉提指出的基础原则上，结合自身特点及教学经验提出了各自的原则。这些原则或多或少，都是普拉提指出的基本原则的拓展或浓缩。将其归纳总结可以看到，拓展出的重要关键词分别是：平衡（balance）、觉知（awareness）、效率（efficiency）、协调（harmony）、体态（body positions）。最著名的浓缩原则仅有三个关键词：重心、控制、呈直线（骨盆脊椎中立位）。

明确这些原则所蕴含的内容对练习有非同一般的帮助，当这些原则开始渗透进日常练习时，练习者会明显地发现自身的改变。

专注： 专心于每个动作的所有细节，把注意力放到身体的每个细微感觉上。用身心去感受动作而不仅仅是用身体执行动作。

控制： 在整个练习过程中让身体处于对每个动作细节和动作间衔接的绝对主导权。如果做不到，可以放缓速度，分解动作，不可有任何动作游离于身体掌控之外。

重心： 也可译作核心，因该部位肌肉是身体重要的稳定肌，"没有足够的稳定性，动作便不能有效率的产生"。同时该部位肌肉对于保持脊椎，支撑躯干，减轻四肢负荷，以及正确动作避免损伤有重要作用，并且其处于肌肉募集顺序中的第一序列。在普拉提训练中，核心肌的训练贯穿始终。"将肚脐贴向稍上方的脊柱""感觉尾骨扣进身体"，这些被教练挂在嘴边的口令无时无刻不在提醒着练习者时刻收紧核心肌。

精确： 正确的肌肉募集顺序，对肌肉角色的了解，对关节活动、活动平面及身体位置的正确把握，对目标肌肉及训练目标的身体感知，强调对动作的理解把握与每一次练习所带来的身心正面影响。精确的动作带来最完善的运动效果。

流畅： 正确的普拉提练习从每个动作到动作间的衔接，乃至一节完整的训练，如行云流水，具有独特的韵律与节奏，从容连贯，动静相宜。为了达到这一点，初学者动作可以放缓放慢，将练习细致分解。有针对性的动作节奏，合逻辑的顺利转接，使普拉提训练成为优异的运动模式。

呼吸： 呼吸应用于普拉提练习时，帮助正确的肌肉募集，同动作相辅相成。初学者不要过于强调呼吸，只有熟练地掌握练习才会于其中受益。

整全： 训练过程及每个动作均需对身心保持整体、全面的视角与态度。

体态、呈直线： 在后人拓展出的关键词中，"体态"和"呈直线"都是指正确的身体排列。

平衡： 主要强调肌肉收缩模式的对称与平衡，也就是保持各肌肉角色间的正确关系。

协调： 良好的动作表现力及身体机能。

觉知： 对身心的自知与自控。

效率： 显示训练与效能间良好的性价比。

似曾相识的基础术语，
有助于理解教练的话

骨盆中立位：根据髂前上棘及耻骨三点形成一个三角形平面，躯干站、坐、侧位姿态正确时与水平地面垂直，仰、俯位姿态正确时与水平地面平行。

脊椎中立位：脊椎维持在正常的生理曲度。

骨盆后倾：髂前上棘及耻骨三点形成三角形平面时，若耻骨高于髂前上棘，说明骨盆后倾。

骨盆前倾：髂前上棘及耻骨三点形成三角形平面时，若耻骨低于髂前上棘，说明骨盆前倾。

身体重心：身体重心大约落在第二骶椎前约7厘米。重心的稳定对安全有效的运动具有重要作用。

核心肌群：围绕身体重心区域的肌肉群，大致环绕于胸廓底部至整个骨盆和两侧髋关节连线之间。腰、腹、臀和涉及髋关节的大腿肌都包括在内。核心肌群有"天然人体铁衣"之称。

肘后三角：肘关节屈曲呈直角时，肱骨内、外上髁和尺骨鹰嘴三点构成等腰三角形，称肘后三角。当肘关节伸直时，上述三点成一条直线。手臂支撑时注意三点均匀承重。

叩击式呼吸：短促而有力地进行两次连续呼气，每次呼气时，腹部变得更加结实。

目标肌肉： 主要参与动作的特定肌肉群。目标肌肉同训练目标间的关系：每一动作可能只有一块目标肌肉，但会有数个训练目标。例如单/双腿踢（第268~271页）动作，目标肌肉是腘绳肌，但训练目标是强化髋伸展肌，稳定肩带及骨盆带，控制中背伸展肌。

能量区： 核心肌群所涉区域，普拉提称其为"能量区"或"能量库"。

C曲线： 屈髋屈膝，双手始终捉握小腿或脚踝，感觉有控制地从尾骨开始一点点"躺"向地面，直至脊椎能做到的最大屈曲位置。这时从侧面看，从头至臀，整个背部呈"C"形，称为躯干C曲线。脊椎有问题的朋友要在咨询医生后方可决定是否可能完成该动作。

轴心盒子： 幻想肩两端，骨盆两端，四点连成一个四边形的盒子。利用这个盒子做身体矫正体态的提示。普拉提提倡练习过程中及日常生活里，轴心盒子应该是端正平衡的。其意类似前文所说的"骨盆脊椎中立位""躯干稳定性""呈直线"。

后置支撑肘关节伸直时，肱骨内、外上髁和尺骨鹰嘴三点成一条直线，并且均匀承重。

下放肋骨： 这个口令的主要意思是募集腹肌并同时减少背伸肌的紧张，防止脊椎过度前曲。形象化口令是"感觉肋骨向背后拉动。"

逐节放落或拉起（比如椎骨）： 这是利用印迹概念的口令，主要意思是避免过多肌肉参与过多活动，增加稳定性。其意类似"C曲线"。

肌肉募集次序： 动作所涉及肌肉的参与顺序。

拉长、延长或延伸： 这是一个普拉提常用的精髓概念。比如"感觉腿的延伸离开了髋关节"，或者把"动作拉长"，这样的口令有利于焦点关节的全幅度动作，或肌肉充分的离心收缩。这样的口令使动作从外观和感觉上来看，整个运动链完全地参与并打开，意使练习者在能力范围之内，生理和心理都有同样的理想效果。使用这类口令时，只能用"拉"而不能用"推"。

沉肩： 这个口令的主要意思是稳定肩带，减少颈、肩的紧张，促进躯干的正确排列和稳定性。同沉肩相辅相成的口令包括"头像气球向天上飘，肩下沉""耳朵离肩越来越远""脖子越来越长"等。

似曾相识的基础术语，有助于理解教练的话

下巴微指两锁骨间或下巴向胸前：这类口令包括"下巴和锁骨间可以放一个苹果""喉头找头顶"，主要意思是保持颈椎正常曲度，并保证动作中正确的肌肉募集。

髋屈肌群：使髋关节屈的作用肌，主要有髂腰肌、股直肌、耻骨肌、缝匠肌、阔筋膜张肌。

髋伸肌群：使髋关节伸的作用肌，主要有臀大肌、半腱肌、半膜肌、股二头肌、大收肌、臀中肌和臀小肌的后部。

髋内旋肌群：使髋关节旋内的作用肌，主要有臀中肌和臀小肌的前部肌束等。

髋外旋肌群：使髋关节旋外的作用肌，主要有髂腰肌、臀大肌、臀中肌和臀小肌。

髋外展肌群：使髋关节外展的作用肌，主要有臀中肌、臀小肌、臀大肌上部、阔筋膜张肌和梨状肌等。

髋内收肌群：使髋关节内收的作用肌，主要有耻骨肌、短收肌、长收肌、大收肌、股薄肌。

练习这样开始

知己知彼，有备无患，虽然练习普拉提是件让人快乐的事情，但这并不意味着可以率性而为。在练习前，请对照以下内容检查是否可以马上开始。让我们一起安全地踏上这条健康快乐的普拉提之旅。

准备

了解自己

脊柱有问题，重度骨质疏松或外伤，术后3个月内，急性、传染性疾病，重度心脑血管及心脑肾疾病，重度糖尿病，梅尼埃病、帕金森综合征，女性生理期、孕期、哺乳期及其他有运动禁忌的状况不适合开始练习。

年龄过大，或身体有任何不适的朋友，最好咨询医生后再决定是否开始练习。

如果在服用处方药或患有家族遗传性疾病，请一定告知教练，或咨询专业人士后再开始练习。

如果练习中出现屏气现象，或呼吸紊乱，降低练习强度以保证正常呼吸。

如果练习中身体出现任何疼痛及不适请即刻停止练习。

练习前请先了解动作禁忌、注意事项及相关细节再决定是否开始。

循序渐进，量力而行

练习中应始终遵循普拉提练习原则，普拉提因为这些原则而与众不同。

任何运动都有可能出现迟发性肌肉酸痛，缓解期为2~7天。如练习后12~48小时出现肌肉酸痛不适，可冰敷，适度按摩。

不宜在进餐后、过于饥渴或身体及情绪不稳定时开始练习。

所需工具

垫子： 同瑜伽练习一样，普拉提垫上运动需要一张垫子，确保坐、卧、跪的姿势手脚不会出现滑动，并且膝、背等部位不应有任何不适。

衣服： 任何不妨碍运动的衣服都可以，但最好柔软舒适、不要有拉链和扣子。

辅助工具： 普拉提垫上运动有适当的小工具加入练习，会更有针对性地调节动作程度，赋予练习更多乐趣。这些小工具有各种球、普拉提圈、泡沫轴、弹力带等。自行练习时，身边信手拈来的一个苹果、一盒纸巾、一个靠垫、一把铅笔伞等都可以善加利用，作为小工具的替代融入练习。

镜子： 对于初学者，练习时最好有一面镜子，有助于调整身体姿态，利于随时进行自我调节，校正动作。

细节提示

练习时去除所有束缚和有可能引起伤害的物品，比如钥匙、小刀、配饰、腰带、领带、过紧的胸衣等。

给自己一个可以伸展开肢体的洁净空间。

练习前请先如厕。

做力所能及的动作，如果难以驾驭姿势要及时调整。

随着身体逐渐适应练习，适度增加新的练习，但练习前应了解所有动作说明。

注意练习时对身体各处肌肉所处不同角色的平衡对待，动作中左、右、前、后、内、外均要平衡练习。若因矫正体态等各种原因，不能遵循这种平衡，请一定听从专业教练的指导。

练习前后不宜立即沐浴。

柔软、舒适的衣服有助于轻松自如地完成动作。

为了保护脊背，选一个平坦、防滑、有足够弹力的垫子。

休息与放松

对于普拉提练习的休息与放松宜从以下方面理解。

1. 动作间相互配合,张弛有度。比如"髋画圆圈"前后可安排"康康舞式";"后置前拉"练习前后可安排"前冲伸展"等,有利于目标肌肉得到有效热身和放松。

2. 在第1条的基础上,按生物力学原理将同系列动作编排在一起,有利于动作渐进和练习者根据自身情况选择。比如,"跪姿双向侧伸展"接转"跪姿侧弯扭转"接转"侧弯扭转"接转"美人鱼"。如果练习者身体无法完成"侧弯扭转"则可重复"跪姿侧弯扭转"。这样既有助于练习者保持身心最佳的练习效果,不至于出现过劳或运动损伤,更有利于良好的课堂控制。

3. 如某动作或某段组合动作使身体疲劳,可在本动作的结束姿势或下一动作的起始动作上稍事停留休息,以保证呼吸畅顺。

4. 普拉提单堂训练结束后的休息,最常采用的是普拉提休息体位,也就是瑜伽体位中的"婴儿式",但这并不是唯一的休息体式。在普拉提高级练习中,结束后的休息体式涵盖了坐姿甚至卧、俯卧及半俯卧等状态,也就是类似于瑜伽中的"束角坐"或"简易坐"姿势,如"仰卧手抱膝放松""鱼戏式"或"金刚眼印俯卧位"等。感兴趣的朋友可以通过各流派普拉提导师们的教学视频及课堂教学领略他们出神入化的灵活应用。

5. 改善肌肉和关节的血液养分供应,促进代谢与循环是伸展运动最重要的功效之一。随着普拉提运动的不断演进,近年来很多普拉提工作室提倡在练习前后加入以伸展动作为主的训练热身及冷身动作,以缓解运动部位乳酸堆积造成的不适和增加运动效果。有兴趣的朋友也可多方加以了解。

常见错误动作的简易纠正口令

对于练习者而言,教练的指导最好是告诉自己应该如何做,而不是不要怎样做,所以当练习出现常见错误动作时,可以这样调整:

肘或膝超伸: 请稍屈肘(膝)至其不再有过度压力。

塌腰: 请稍稍模仿腹痛时拱腰的动作。如果更具针对性,骨盆前倾时可用"将骨盆向双膝间推",骨盆后体内倾时可用"略向前探身"。

耸肩: 双肩后绕下沉,向上伸颈。

双臂向上延伸时,不要耸肩,双肩要后绕下沉,颈部向上伸展。

下篇
垫上练习体位大全

注：本书未收录不适合大众健身的超高级练习。

身体适应性练习

从头到脚

颈部练习

动作宜舒缓,颈椎有问题的朋友,做到肌肉稍有感觉即可。

1 仰卧,屈双膝呈90°,双脚掌贴地,双臂自然放体侧,双手掌心向下。呼气,后脑贴地向上滑动,感觉下巴贴近锁骨窝。吸气,放松颈部。

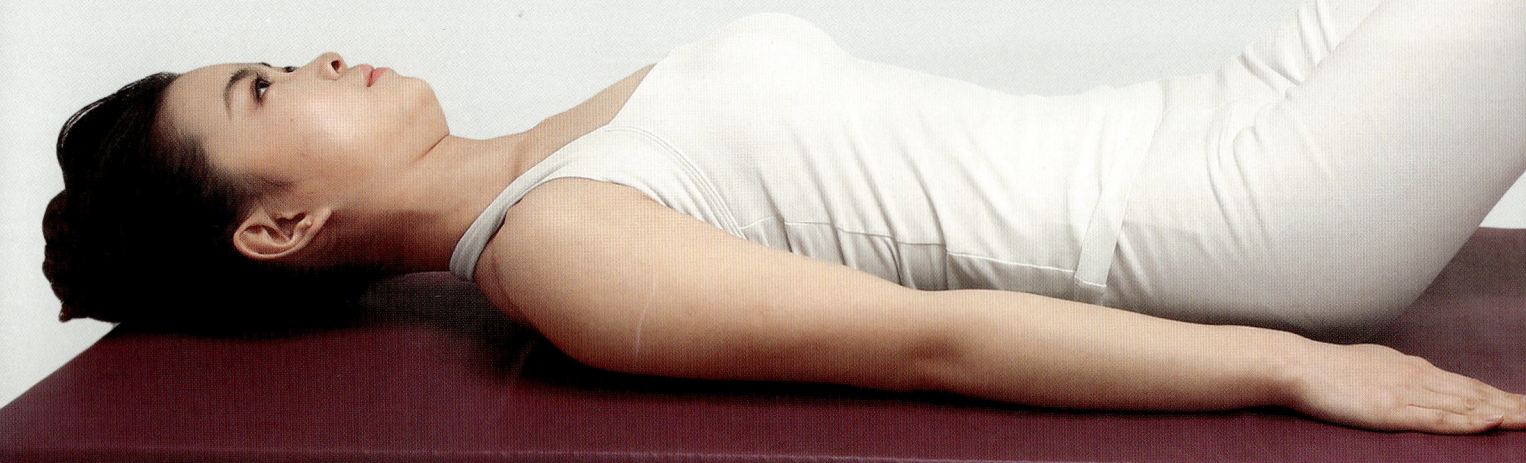

2 保持双肩贴地，转动头颅，右耳贴向地面。

3 转头颅回正中位。再次呼气时，后脑贴地向上滑动，感觉下巴贴近锁骨窝。吸气，放松颈部。

4 保持双肩贴地，转动头颅，左耳贴向地面。

5 转头颅回正中位。再次呼气时，后脑贴地向上滑动，感觉下巴贴近锁骨窝。

6 重复动作3~5次。动作有控制后，也可以坐姿或站姿练习。

肩部练习

1 坐姿，双腿双脚并拢，绷脚，双脚尖带领双腿向前伸直延长，双肩稍外展，双臂置体侧，指尖点地，感觉头像气球向天上飘，带动脊椎自然曲度伸展。

2 吸气，左肩耸起；呼气，左肩沉放。

3 吸气，右肩耸起；呼气，右肩沉放。

4 吸气，双肩耸起；呼气，双肩沉放。

5 吸气，双肩后旋。

6 呼气，双肩前旋。

7 重复动作3~5次。动作有控制后，也可以站姿练习。

骨盆前后倾练习

⚠ 腰椎间盘突出的朋友不可以做这个练习。

1 站姿，双脚分开一肩半宽，脚尖稍向外。稍屈膝，双髋外旋，膝盖同脚尖保持一条垂线。

2 双手指尖向下，一前一后置于骨盆前后方。保持躯干不动。

3 呼气时，收腹肌，拱腰背，感觉肚脐贴向斜上方的脊柱，臀推向双膝间。

4 吸气时，翘臀压腰，感觉肚脐推向双膝间。

5 重复动作3~5次。动作有控制后，也可以仰卧练习。

髋外旋和髋内旋

2 感觉两大腿根向外转,带动膝与脚背指向外。

3 两大腿根向内转,带动膝与脚背指向内。重复动作3~5次。动作有控制后,也可以仰卧或站姿练习。

1 坐姿,双手指尖向前置于臀后,手指距臀约两个手掌长距离。身体略后倾,双腿分开与肩同宽。保持双膝同双脚尖在一条直线上,放松膝与踝。

膝与脚部练习

1 坐姿,双腿双脚并拢,绷脚,双脚尖带领双腿向前伸直延长,双肩稍外展,双臂置体侧。感觉头像气球向天上飘,带动脊椎自然曲度伸展。

2 控制脚掌,回勾左脚脚趾,然后脚跟向前蹬出;回勾右脚脚趾,然后脚跟向前蹬出。

3 左脚跟后滑,脚掌向前压至极限,然后向前绷直下压脚趾;右脚跟后滑,脚掌向前压至极限,然后向前绷直下压脚趾。

4 保持坐姿稳定,屈左膝,左脚掌贴地后滑至左大腿贴向胸,然后伸直。

5 保持坐姿稳定,屈右膝,右脚掌贴地后滑至右大腿贴向胸,然后伸直。重复动作3~5次。

骨盆、脊椎中立位稳定性练习

站姿

背墙站立

在这个练习前,我们先来了解一下站立时双脚的承重情况。如图①所示,我们站立时脚上有3个受力点:第一跖骨头、第五跖骨头和脚跟。如果仔细看脚底,我们会发现这正是脚上磨起茧皮的地方。站立时双脚上的这3个受力点要均匀承重。

在站立时请仔细感受或观察双脚,如果出现脚的内侧过度用力,请稍向外旋髋;如果出现脚的外侧过度用力,请稍向内旋髋;如果出现脚掌前侧过度用力,请稍拱腰,将臀向双膝间推送;如果出现脚掌后侧过度用力,请稍压腰,将臀稍后翘。

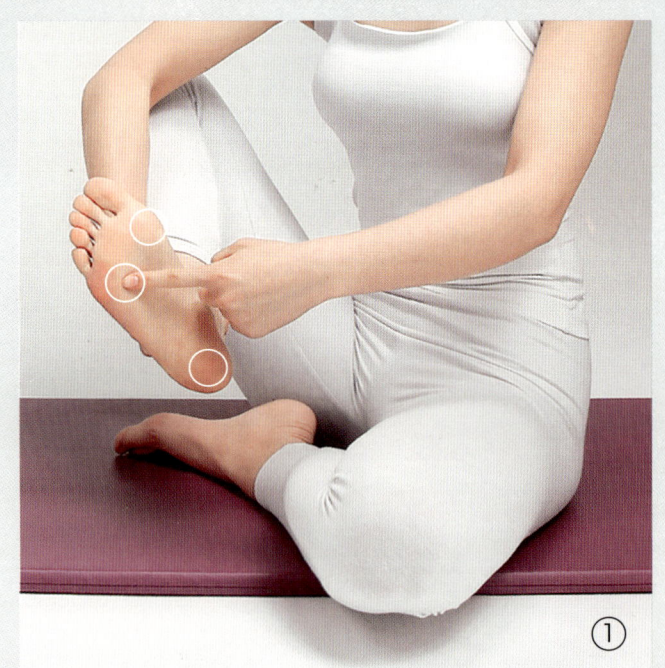

①

骨盆、脊椎中立位稳定性练习

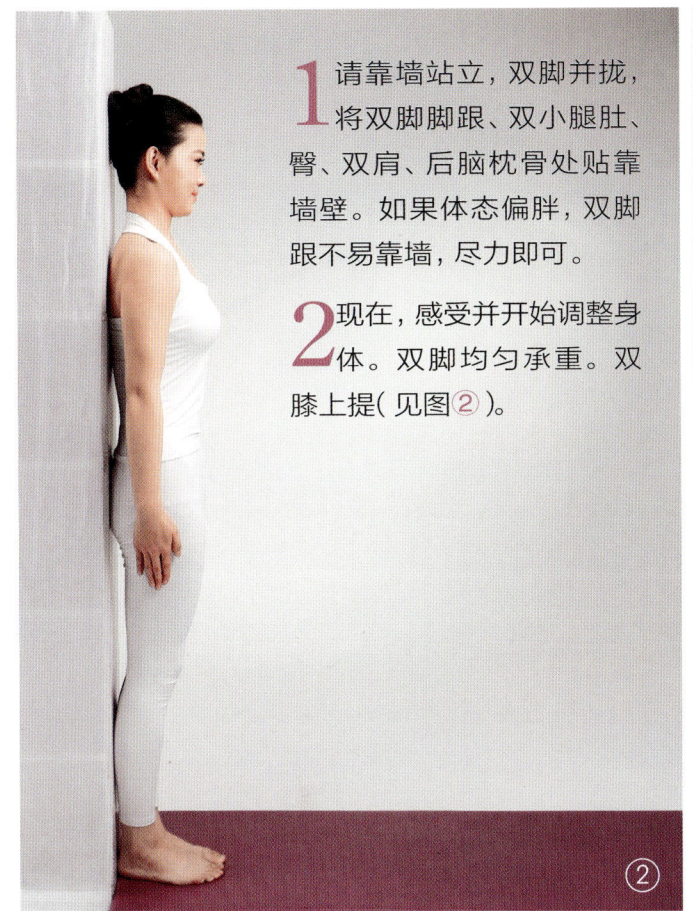

1 请靠墙站立，双脚并拢，将双脚脚跟、双小腿肚、臀、双肩、后脑枕骨处贴靠墙壁。如果体态偏胖，双脚跟不易靠墙，尽力即可。

2 现在，感受并开始调整身体。双脚均匀承重。双膝上提（见图②）。

3 两侧髂前上棘同耻骨构成的三角形同地面垂直。要找到直观的感觉可以这样做：打开双手掌，拇指和食指分开，于虎口处呈90°，掌心向下与地面平行放于肋下，自然下滑，虎口感受到的第一块硬骨就是髂骨。然后自然翻转双手掌心贴腹下滑，双手食指与中指接触时停下，这时掌根贴放的位置是髂前上棘，中指所在的位置就是耻骨。双手构成的三角形同地面垂直时就是站立时的骨盆中立位（见图③）。

4 下巴向锁骨窝处微收，后脑贴墙上滑，感觉头像气球带动脊柱向天上飘。躯干肌群轻轻收紧感受腹、背、侧腰有类似伸懒腰的向上伸展感。这时腰曲同墙壁间的距离为3~5厘米，背部曲线流畅，胸肩贴墙，这时是站立时的脊椎中立位。

5 保持胸椎的稳定，双肩后绕下沉，感觉两肩胛骨向脊柱夹紧，肋骨拉向体后墙壁，双手指自体侧温和坚定地向下。

6 因为脊椎的提拔和双肩的下沉，感觉双耳离双肩越来越远。保持姿势至身体有疲劳感，重复数次，可逐渐增加练习时间。动作有控制后，可离开墙壁练习。

常用的脚位

保持背墙站立的姿态时双脚的位置。

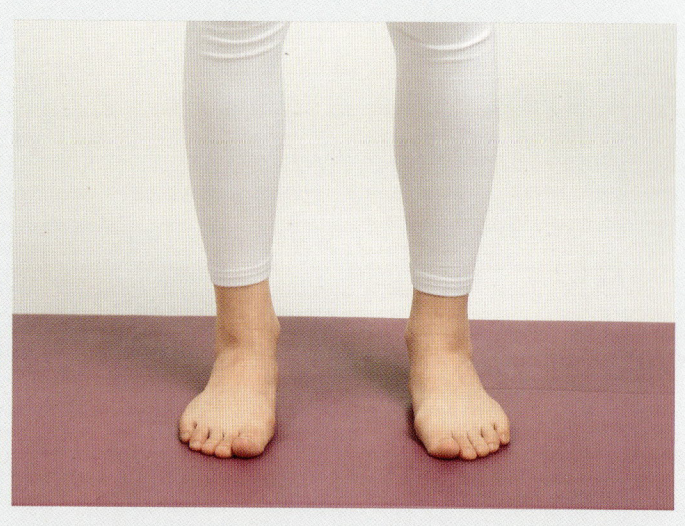

保持背墙站立的姿态,双膝间分开一横拳宽,双脚顺势分开,脚尖向前。

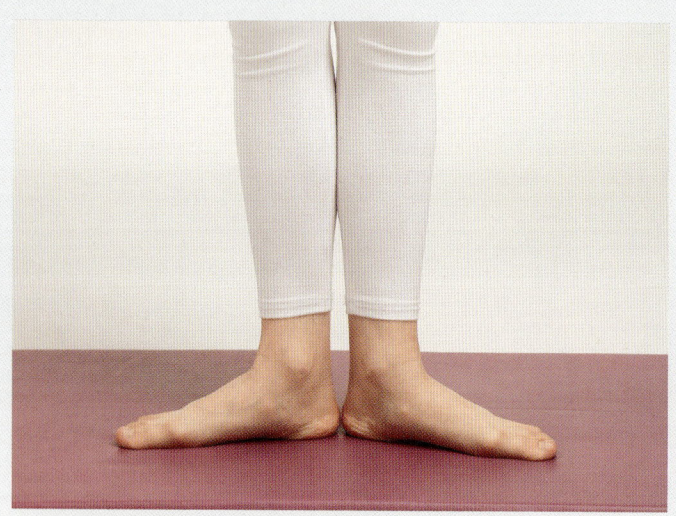

保持背墙站立的姿态,双髋外旋,至双脚跟相触,双脚尽量呈一字形。

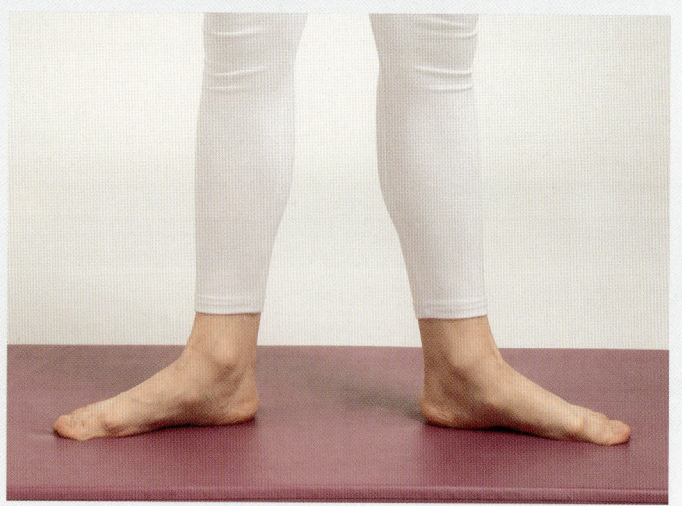

保持背墙站立的姿态,双髋外旋,至双脚跟相触,双脚尽量呈一字形,提一侧髋,同侧脚掌顺势贴地外滑,至双脚跟间距一脚掌长的距离。

举臂练习

骨盆、脊椎中立位稳定性练习

1 保持背墙站立姿态，双臂自体侧抬起，掌心向下，在保证肩及相邻背部不离开墙壁的前提下，尽量抬至最高，保持5秒，放落，重复5~10次。

2 保持背墙站立姿态，双臂自体前抬起，掌心向前，在保证肩及相邻背部不离开墙壁的前提下，尽量抬至最高，保持5秒，放落，重复5~10次。

抬膝至胸

1 保持背墙站立姿态，双手叉腰，感觉身体重心向左侧稍移送，在保证骨盆脊椎中立位的前提下，屈右髋、右膝，向上提起至胸前，保持5秒。

2 在保证骨盆脊椎中立位的前提下，有控制地放落右髋右膝（见图①）。

3 感受身体重心向右稍移送，在保证骨盆脊椎中立位的前提下，屈左髋、左膝，向上提起至胸前，保持5秒。

4 在保证骨盆脊椎中立位的前提下，有控制地放落左髋左膝。重复动作10次。

举腿练习

1. 保持背墙站立姿态，双手叉腰，感觉身体重心向左侧稍移送，在保证骨盆脊椎中立位的前提下，右脚掌向前擦地至极限，绷脚，屈右髋，右腿抬起至最高位保持5秒。在保持骨盆脊椎中立位的前提下，有控制地回落（见图①）。

2. 感受身体重心向右侧稍移送，在保证骨盆脊椎中立位的前提下，左脚掌向前擦地至极限，绷脚，屈左髋，左腿抬起至最高位保持5秒。

3. 在保持骨盆脊椎中立位的前提下，有控制地回落。重复动作10次。

①

提踵练习

1. 保持背墙站立姿态，双手自然垂放体侧。稳定身体，保持骨盆脊椎中立位，躯干肌群收紧，体会身体向上提拔，感觉有杠杆撬起自己的脚跟，踮起脚尖，保持5秒（见图②）。

2. 保持骨盆脊椎中立位，有控制地放落。重复动作10次。

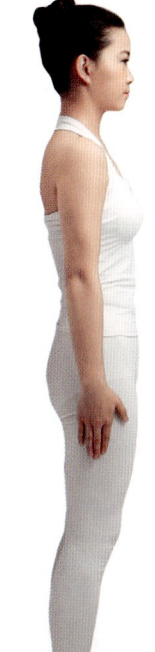

②

坐姿

直膝坐位

坐姿,尾骶区域、双肩及胸椎后曲部分、后脑枕骨接触墙壁,下巴向锁骨窝处微收,后脑贴墙上滑,感觉头像气球带动脊柱向天上飘。躯干肌群轻轻收紧,感受腹、背、侧腰有伸懒腰似的向上伸展感,这时腰曲同墙壁间距离3~5厘米,背部曲线流畅,胸肩贴墙。双腿并拢伸直,双脚或绷或勾。

屈膝坐位

坐姿,尾骶区域、双肩及胸椎后曲部分、后脑枕骨接触墙壁,下巴向锁骨窝处微收,后脑贴墙上滑,感觉头像气球带动脊柱向天上飘。躯干肌群轻轻收紧,感受腹、背、侧腰有伸懒腰似的向上伸展感,腰曲同墙壁间距离3~5厘米,背部曲线流畅,胸肩贴墙。双髋双膝屈曲,全脚掌着地,膝关节呈90°,双膝间可安放一横拳。

旋髋坐位

坐姿，尾骶区域、双肩及胸椎后曲部分、后脑枕骨接触墙壁，下巴向锁骨窝处微收，后脑贴墙上滑，感觉头像气球带动脊柱向天上飘。躯干肌群轻轻收紧，感受腹、背、侧腰有伸懒腰似的向上伸展感，这时腰曲同墙壁间距离3~5厘米。背部曲线流畅，胸肩贴墙。双髋外旋，屈双膝，双脚脚心相对置于身前。

坐姿，尾骶区域、双肩及胸椎后曲部分、后脑枕骨接触墙壁，下巴向锁骨窝处微收，后脑贴墙上滑，感觉头像气球带动脊柱向天上飘。躯干肌群轻轻收紧，感受腹、背、侧腰有伸懒腰似的向上伸展感，这时腰曲同墙壁间距离3~5厘米。背部曲线流畅，屈双膝，左髋外旋，左大腿外侧触地，左脚跟稍收向会阴；右髋内旋，右大腿内侧触地，右脚跟收向右臀外侧，双脚绷起，左脚同右膝在一条直线上。

坐姿，尾骶区域、双肩及胸椎后曲部分、后脑枕骨接触墙壁，下巴向锁骨窝处微收，后脑贴墙上滑，感觉头像气球带动脊柱向天上飘。躯干肌群轻轻收紧，感受腹、背、侧腰有伸懒腰似的向上伸展感，这时腰曲同墙壁间距离3~5厘米。背部曲线流畅，屈双膝，双髋向左旋，绷脚，保持骨盆、脊椎中立位的前提下将双脚尽量拉向右臀侧。右手置右髋侧抓握右脚拉向身体，左手指向左，自然支撑于左髋侧。

支撑姿势

手膝支撑

双膝、双手支撑地面,双大腿与双臂同地面垂直,适度收腹肌。如果双肘出现某一点过度承重,请稍屈肘。双手十指自然打开,均匀承重。如果此时在背后放一块平直的木板,后脑枕骨、双肩、臀应贴在木板上,腰曲同木板间距离3~5厘米,背部曲线流畅。

手膝支撑抬臂

保持手膝支撑姿势,初始练习时可保持背负平直木板,在胸、肩、腰背距离木板的曲度不变的情况下,抬左臂,至与地面平行。然后在保持躯干以及肩带稳定的状态下,放落左臂,交换右臂练习。

手膝支撑抬腿

保持手膝支撑姿势，初始练习时可保持背负平直木板，在部分胸椎、肩、腰背距离木板的曲度不变的情况下，抬右腿，绷脚，至与地面平行。然后在保持躯干以及骨盆带稳定的状态下，放落右腿，交换左腿练习。

跪撑平衡

保持手膝支撑姿势，初始练习时可保持背负平直木板，在部分胸椎、肩、腰背距离木板的曲度不变的情况下，抬右腿，绷脚，至与地面平行；抬左臂至与地面平行。然后在保持躯干以及骨盆带稳定的状态下，放落右腿、左臂，交换左腿、右臂练习。

手足支撑

1 保持手膝支撑姿势，初始练习时可保持背负平直木板，在部分胸椎、肩、腰背距离木板的曲度不变的情况下，轻缓地抬起一条腿，向后伸直，脚尖点地。

2 缓慢地伸直另一条腿，脚尖点地，用双手和脚尖支撑住身体。保持身体后脑枕骨、双肩、臀、双小腿肚、双脚跟贴放在木板上，腰曲同木板间的距离3~5厘米，背部曲线流畅。

侧卧

基本侧卧

1. 侧卧，下方手臂伸展过头，手心向下，与身体保持一条直线，将一块叠起的毛巾置于下方手臂与头颅之间，确保脊椎自然直线。

2. 上方手臂屈起，置于体前胸腹位帮助身体稳定。双腿伸直，绷脚。如果这时体后有一堵墙，双脚跟、双小腿肚、臀、双肩、后脑枕骨应在一个平面上。

3. 感觉肩部向臀部方向拉下，稳定肩带及骨盆带，肚脐贴向斜上方的脊椎，感觉身体从头至脚的延伸感，腰部伸长和肋骨提离地面。这时，腰曲距离身后墙面为3~5厘米。

屈髋侧卧

⚠ 腰腹无力、腰背部有问题以及腰部需要在练习中得到保护的朋友，必须如此侧卧。在基本侧卧位的基础上，使髋关节屈曲，致使双腿向体前，与躯干呈20°~30°（见图①）。依然无法保持身体稳定性的朋友，可在屈髋侧卧的基础上再屈双膝（见图②）。

俯卧

1. 俯卧，着地的前额下垫薄薄叠起的毛巾，给鼻子留出呼吸空间（见图①），手臂置体侧，掌心贴腿，双肩向下拉动，推动双臂双手向脚掌处移动，感觉离双耳越来越远（见图②）。

2. 轻柔地使耻骨贴地，向脚尖处滑动，直至与髂前上棘处于同一平面。

3. 肚脐贴向斜上方的脊柱，收腹肌及盆底肌，确保骨盆保持稳定的中立位。

4. 沿地面拉伸双腿，双膝分开一横拳宽，双脚绷直，感觉身体无限延长，确保膝后及脚跟朝向天花板。

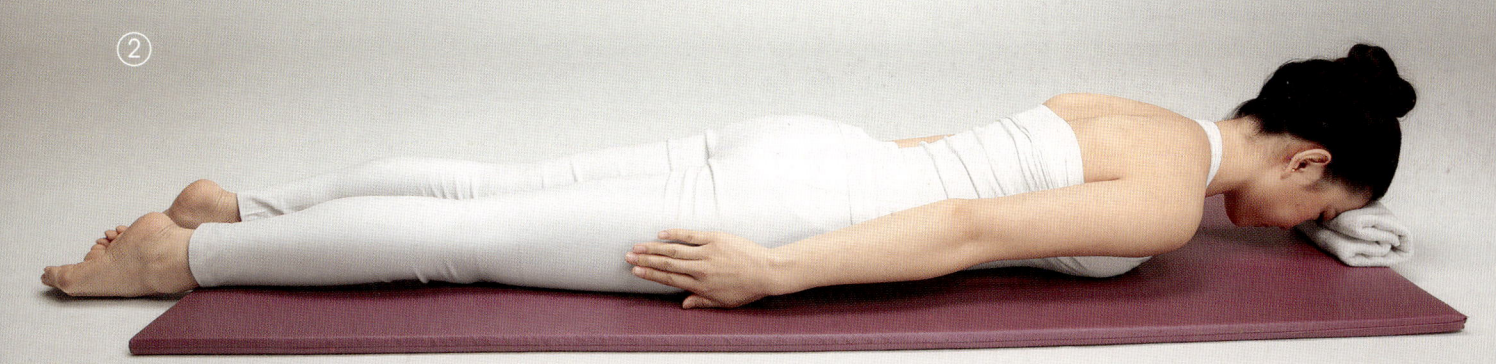

仰卧

基本仰卧

1. 仰卧，双臂自然置体侧，双手掌心向下，屈髋屈膝，双膝分开，约一横拳宽，大腿与小腿间呈90°，膝盖指向天花板，膝关节与双踝保持一条直线，与双髋也保持一条直线，双脚全脚掌着地，脚尖向前。

2. 保持后脑贴着垫子，将下巴微收向锁骨，感觉头顶带动脊柱延伸向身后的墙壁。像背墙站立时一样，将双手掌根贴放于髂前上棘，双手食指与中指端落于耻骨处，轻柔地做骨盆前后倾动作（见图①），直至两侧髂前上棘与耻骨构成的三角形同地面平行（见图②）。想象一碗水均衡地放在这个平面中央，如同放在平稳的桌面上。

3. 感觉每根肋骨自体侧向下滑，胸椎向垫子沉落，下背部肌肉放松。骨盆脊柱处于中立位。

仰卧练习

1. 基本仰卧位，并在下面动作中始终保持骨盆以上部位的身体在基本仰卧位上的稳定。

2. 先以左脚带动左腿贴地向前滑动，渐渐伸开左膝、左髋，保持在骨盆脊椎中立位的极限边缘停下。如果身体许可，渐次使左腿后侧完全贴放于地面，绷脚（见图③）。

3. 在确保骨盆脊椎中立位的状态下，屈髋屈膝，回到基本仰卧位。交换右腿练习。

4. 当双腿可以顺利地伸直后，可以双腿同时向前渐次伸直，然后同时屈起。

单/双腿抬起

1 基本仰卧位。呼气,保持膝关节90°位置,收腹,在保证骨盆中立位的前提下屈左髋,至左大腿同地面垂直(见图①)。

2 吸气,有控制地放落左腿回起始位置。交换右腿练习。

3 当躯干稳定性可以很好地得到保证后,可以双腿同时练习(见图②)。

仰卧髋外旋

1 基本仰卧位,双手掌心向下扶按双侧髂前上棘,确保动作中骨盆带的稳定。

2 呼气,左髋外旋,在保证骨盆中立位的前提下,尽量使左腿外侧接近地面。吸气,稍做停留。呼气,有控制地抬起。

3 交换右腿练习。

仰卧举臂

1. 基本仰卧位,并在下面动作中始终保持骨盆以上部位在基本仰卧位上的身体稳定。

2. 自体前向上抬左臂,掌心向前,在肩带稳定的状态下,抬至身体尚能保持骨盆脊椎中立位的极限边缘。如果身体许可,渐次伸展至手臂后侧完全贴向垫子。

3. 在确保肩带稳定、骨盆脊椎中立的状态下,有控制地抬起左臂,至手臂同地面垂直。

4. 旋肩至掌心向右,指尖向天花板延伸。

5. 感觉肩胛骨沿手臂的方向自体侧包裹身体,带动着从肩臂到手指的延伸。

6. 回落肩胛至肩带稳定。

7. 手臂自体侧向左打开,在肩带稳定的状态下,放至身体尚能保持骨盆脊椎中立位的极限边缘。如果身体许可,渐次打开至手臂后侧完全贴向垫子。感觉左侧胸廓打开,左肩、臂至指尖无限的延伸感。

骨盆、脊椎中立位稳定性练习

8 有控制地抬起左臂，至掌心向右，手臂同地面垂直的位置。

9 再次感觉肩胛骨沿手臂的方向自体侧包裹身体，带动着从肩臂到手指的延伸。

10 回落肩胛至肩带稳定。

11 旋肩，至掌心向前，放落手臂回起始位置。

12 交换右臂练习。

13 当双臂可以顺利地贴向地面后，可以双臂同时练习。

呼吸

在普拉提练习中，会经常强调肋骨架向两侧扩张，称为"横向呼吸"或"肋间呼吸"。使用这种呼吸模式的理论依据是：普拉提大部分动作是针对核心肌群的练习，这种呼吸模式下，无论吸气还是呼气，均能保持及促进腹部肌肉收缩，并保持骨盆在中立位置。因为这样的呼吸模式和相关的普拉提运动状态最适合，所以练习者会常听到相关提示。

不过，单纯地将横向呼吸模式作为普拉提练习并不是最理想的。对于理想的普拉提练习来说，最正确的呼吸模式是没有任何特定模式。

这是因为，在肌电扫描的记录下，仅日常生活状态中的呼吸便是一个十分复杂的过程，涉及88个关节及46组肌肉在自主及非自主的情况下做出反应。而人体在呼吸过程中，也会自动募集不同肌肉协助呼吸，而普拉提的动作并不只针对核心肌而言。所以，在练习中运用呼吸方法，必须尽可能募集适当的肌肉协助呼吸。

因此呼吸的运用，尤其是连续动作间如何运用呼吸并保证顺畅自如的呼吸循环，成为普拉提练习法中重要的组成部分。

必须注意，练习过程中呼吸不可混乱，呼吸运用不可刻板，呼吸模式是跟随身体需要而来的，不可一成不变。

对初学者的要求是，动作中不要过分关注呼吸。呼吸是日常的自然行为，神经系统会根据身体的需求自动选择最适合现有身体的呼吸模式。而在进行普拉提练习时，初习者是在学习一种新的技能，过度关注呼吸会影响练习者对动作技巧的接受，就算稍有基础的练习者，过于关注呼吸也会打扰功能动作模式的时间控制，从而影响动作的表现。

所以，减少对呼吸的关注，增加对技巧及韵律的注意力，对每个练习者来说都是非常有用的建议。

接下来，我依然会为大家介绍一些呼吸模式的练习方法，但要请大家在开始时循序渐进地按练习顺序和动作分开来单独练习。在对每一个动作的训练技巧和韵律熟练掌握，并感觉舒适后，慢慢应用动作中提到的呼吸模式，随着练习的深入，逐渐轻松自如地将不同的呼吸模式融入其中。

初习普拉提，建议选择"鼻吸口呼"的呼吸方法。因为在日常状态下，吸气是主动的，呼气是因胸廓和肺的弹性回缩力而被动完成的。这时，肺内残气量较多，膈肌不能有效回弹，腹部肌群不能很好地收缩，会影响练习效果。而收缩口唇向外"吐气"的做法，则可增加呼气时的阻力，从而保持气道的开放，增加气体从肺泡内排出，减少肺内残气量，有利于核心肌群的收紧。但这并不意味着所有阶段、所有动作都要如此呼吸。正如前文所述，呼吸模式是跟随身体需求而来的，不可一成不变。

初学者先来了解一个新的名称：叩击式呼吸。在动作中，为了增加动作的幅度及律动，会增加呼气，也就是第一次呼气后，肚脐内收上提再呼出一次，如果用嘴吐气，会发出"嗖嗖"的声音。

三种呼吸模式

练习 1

基本仰卧位。将注意力集中在自己的呼吸上,感觉鼻子自动吸气,感受气流进入身体时身体的感觉和变化,只是感觉,不要控制。当感觉身体要呼气时,收缩口唇,用嘴呼气,感受气流如何离开身体以及身体的变化。当我们可以很好地感受自己身体的感觉与变化,就进入练习2。

练习 2

基本仰卧位。用鼻子深深吸气。用嘴呼气时,降下肋骨,感觉肛门会阴区域像一架电梯随着呼气向胸腹升高,肚脐贴向斜上方的脊柱,收紧腹部,保持骨盆脊椎中立位。如果练习中有任何不适,说明练习者的身体还不适合这一练习,请退回练习1。当这个练习能舒适地做到,就进入练习3。

练习3

基本仰卧位。用嘴呼气时，降下肋骨，感觉肛门会阴区域像一架电梯随着呼气向胸腹升高，肚脐贴向斜上方的脊柱，收紧腹部，保持骨盆脊椎中立位。腹肌及骨盆底肌维持原动作。用鼻子深深吸气，直至气流进入肺部和肋骨两侧。肚脐保持贴向斜上方的脊柱，骨盆底肌维持原动作，用嘴呼气，感觉肋骨腔回落并向臀部方向拉动，感觉自己正尽量将一条尺寸变小的牛仔裤穿在身上，并尽量系上裤腰的纽扣。

起始动作为仰卧

▲ **骨盆卷动**，第56页

▲ **胸部抬起**，第58页

▲ **胸部抬起并旋转**，第60页

▲ **单/双腿抬起**，第64页

▲ **仰卧脊椎旋转**，第66页

▲ **百拍(一百次)**，第70页

▲ **单腿伸展**，第76页

▲ **双腿伸展**，第78页

▲ **腹斜肌单腿交叉伸展**，第80页

▲ **肩桥**，第82页

▲ **卷曲上提**，第86页

▲ **腿画圆圈**，第90页

起始动作为仰卧

# ▲ 超越卷动，第92页

# ▲ 开瓶式旋转，第96页

# ▲ 腘绳肌伸拉，第100页

▲ 腹斜肌腘绳肌伸拉，第104页

# ▲ 双腿下降，第106页

# ▲ 颈椎上提，第110页

# ▲ 折刀，第112页

# ▲ 剪刀式，第114页

# ▲ 单车，第116页

# ▲ 平衡控制，第118页

# ◀ 卧位跳跃，第120页

骨盆卷动

目标肌肉： 腹肌（尤其是腹横肌）。

你能行： 尝试重复练习3~5次。

功效： 改善脊椎连接与柔韧性，优化身体曲线，增加骨盆稳定性。

秘诀： 抬起身体时想象脊柱像一条打开的软尺，你要从尾骨一端把它向上卷起来。放落身体时想象在整理名贵的珠链，让椎骨如同一颗颗优雅的明珠，一节节打开、舒展，排列整齐地舒缓放落。

注意： 如果练习中感觉腰部有任何不适，应减缓动作或返回到起始动作。对于腹肌肌力较弱的练习者，不要急于依赖臀及大腿后的腘绳肌抬起身体。女性生理期暂停这一练习。在"做不到时这样做"阶段，动作开始时请始终放松臀及大腿后侧肌肉，才能找到腹横肌收紧的感觉。

1 基本仰卧位，骨盆脊椎中立位，感觉脊柱的延伸感，膝关节屈曲呈90°，全脚掌着地，双手掌心向下自然放于体侧。

2 呼气时，收紧腹肌，感觉腰腹轻柔压向地面，从尾骨开始，椎骨像被优雅地拿起的珠链，被一颗颗拉离了地面。

3 动作完成时，膝、髋、肩构成一条斜直线。

4 动作返回时，呼气，从胸椎开始将脊椎逐节轻缓地滚落回地面，椎骨如同一颗颗优雅的明珠，一节节打开、舒展、排列整齐地舒缓放落。

做不到时这样做

1 基本仰卧位，骨盆脊椎中立位，感觉脊柱的延伸感，膝关节屈曲呈90°，全脚掌着地，双手掌心向下自然放于体侧。

2 吸气，注意力移向腹肌，准备开始动作。呼气，收紧腹横肌，感觉腰腹轻柔地压向地面，尾骨被拉离了地面，如果可以，骶骨也相继提升抬起。

3 吸气并保持这一姿势，感觉下巴稍收向两锁骨间。呼气，感觉如同抚平卷起的书页，将骶骨、尾骨舒展地顺序放回地面，回到骨盆脊椎中立位。

提高难度这样做

完成第56页动作，吸气并保持，感觉下巴稍收向两锁骨间，同时双臂自体侧贴地环绕至双耳旁。

下巴微收。

膝、髋、肩构成一条斜直线。

胸部抬起

目标肌肉： 腹肌。

你能行： 尝试重复练习3~5次。

功效： 加强腹肌力量，强化躯干屈曲能力，塑造上腹线条。

秘诀： 将躯干想象成一把横放的勺子，当我们下压勺子的一端（腹肌收缩），另一端（头颈胸）会翘起。

注意： 颈椎不良且无任何运动习惯者，暂时不要做这个练习。使用双手时，是托放头部，一定不能向前拉或推动头颅。

双手托头细节图。

1. 基本仰卧位，双手十指交叉，掌心托于脑后枕骨下，两拇指向下作用于颈后两侧。吸气，拉伸颈部。

2. 呼气，抬起头和胸，至肩胛骨下角刚刚离开垫子。吸气，暂停，感觉头部的重量被双手托住。

做不到时这样做

1. 基本仰卧位，吸气时，双臂抬起至与地面垂直，双手掌心相对。

2. 呼气时，双臂自体前下落至与地面平行，顺势抬起头和胸。

难度再降低这样做

1. 基本仰卧位，骨盆脊椎中立位，膝关节屈曲呈90°，全脚掌着地，双手掌心向下自然放于体侧。

2. 吸气，稍屈肘，同时轻轻拉伸颈部，感觉头顶引领脊柱向身后的墙壁延展，每节椎骨间形成一定空间。

3. 呼气，双肘及双小臂、双手用力下压，感觉上腹部收紧下沉。固定住骨盆，顺势抬起头和胸，至肩胛骨下角刚刚离开垫子。

4. 吸气，暂停。呼气，将脊椎逐节轻缓地滚落回至垫子上。

胸部抬起并旋转

目标肌肉： 腹肌（尤其是腹斜肌）。

你能行： 尝试重复练习3~5次。

功效： 全面加强腹肌肌力，增强躯干稳定性，美化腰腹线条。

秘诀： 想象胸以下的身体被牢牢固定在地上，用胸去碰开悬吊在胸前的按钮，打开这束缚，而这按钮的开关不是在正下方，而是在斜侧面。

注意： 不能掌握胸部抬起初级动作的朋友不适合练习。胸、颈椎有问题的朋友不适合练习。不可用手或臂牵拉头颅。

备注： 入门必须完成胸部抬起的"做不到时这样做"动作（第59页）。

1 基本仰卧位，骨盆脊椎中立位，膝关节屈曲呈90°，全脚掌着地，双手十指交叉，掌心托于脑后枕骨下，两拇指向下作用于颈后两侧。

2 吸气，同时轻轻拉伸颈部，感觉头顶引领脊柱向身后的墙壁延展，每节椎骨间形成一定空间。

3 呼气，感觉上腹部收紧下沉，固定住骨盆，顺势抬起头和胸，至肩胛骨下角刚刚离开垫子。吸气，暂停，感觉头部的重量被双手托住。

4 呼气，感受腹斜肌带动胸肩向左，双肘尽量指向两侧，双手可以感受到头部的重量，切不可牵拉头颈。骨盆保持中立位固定，双膝及踝保持稳定。

5 吸气，身体返回中央位置，胸部保持在空中，骨盆保持中立位固定。

6 呼气，感受腹斜肌带动胸肩向右，双肘尽量指向两侧，双手可以感受到头部的重量，切不可牵拉头颈。骨盆保持中立位固定，双膝及双踝保持稳定。

7 吸气，身体返回中央位置，胸部保持在空中，骨盆保持中立位固定。

8 呼气，将脊椎逐节轻缓地滚落回到垫子上。回到基本仰卧位。

做不到时这样做

1. 基本仰卧位，吸气，双臂抬起至与地面垂直，双手掌心相对。同时轻轻拉伸颈部，感觉头顶引领脊柱向身后的墙壁延展，每节椎骨间形成一定空间。

2. 呼气，双臂自体前下落至与地面平行，感觉上腹部收紧下沉，固定住骨盆，顺势抬起头和胸，至肩胛骨下角刚刚离开垫子。吸气，暂停。

3 呼气，尽量保持左臂不动，左手掌心翻转向下，感受腹斜肌带动胸肩向左，使右手腕搭放在左手腕上。骨盆保持中立位固定，双膝及双踝保持稳定。

4 吸气，身体返回中央位置，胸部保持在空中，骨盆保持中立位固定。双臂回到平行地面位置，掌心相对。

5 呼气，保持右臂不动，右手掌心翻转向下，感受腹斜肌带动胸肩向右，使左手腕搭放在右手腕上。骨盆保持中立位固定，双膝及踝保持稳定。

6 吸气，身体返回中央位置，胸部保持在空中，骨盆保持中立位固定。双臂回到平行地面位置，掌心相对。

7 呼气，将脊椎逐节轻缓地滚落回到垫子上。回到基本仰卧位。

单/双腿抬起

目标肌肉： 腹肌（尤其是腹横肌）。

你能行： 尝试重复练习3~5次。

功效： 强化腹横肌，增加身体稳定性，收紧下腹，舒缓下腰背。

秘诀： 感觉腹肌收紧时像压水井的手柄下压，腿的抬起则像被压出的水柱。

注意： 尽量以腹横肌发力引导动作，减少股直肌及髂腰肌的参与。动作中注意躯干稳定。

1 基本仰卧位，骨盆脊椎中立位，膝关节屈曲呈90°，全脚掌着地，双手掌心向下自然放体侧。

2 吸气，放松臀及腿部肌肉。

3 呼气，感觉肚脐收向斜上方的脊柱，腹肌渐渐收紧，感受自下腹开始腹背轻压下沉。带动左髋关节屈曲，左腿在保持膝关节呈90°的状态下抬起，绷左脚。如果身体许可，可抬至左大腿与地面垂直。吸气，有控制地伸左髋，左腿原位落回，身体回到基本仰卧位。

4 呼气,交换右腿练习。

5 当腹肌日益增强后,可同时抬双腿练习。

仰卧脊椎旋转

目标肌肉：腹肌（尤其是腹斜肌）。
你能行：尝试重复练习3~5次。
功效：增强腹部肌力，强化躯干稳定性及脊柱的全面灵活性，勾勒腰腹曲线。
秘诀：感觉腰腹处像正在拧干的厚重毛巾。
注意：保证肩胛及上背始终贴靠地面，双膝及骨盆不要出现一高一低的状态。如果腰背有问题的朋友，在练习中若感觉到任何不适，请停止动作。

1. 基本仰卧位，骨盆脊椎中立位，膝关节屈曲呈90°，全脚掌着地，双手掌心向下自然放体侧。

2. 吸气，并拢双膝，双臂自体侧向上贴地抬起至与肩等高，感觉肩、臂、手指向两侧的延伸感。

3. 呼气，双腿抬起至小腿同地面平行，双大腿同地面垂直。绷双脚。注意保持骨盆脊椎的中立位。

4. 吸气，保持动作。

起始动作为仰卧 67

5 呼气，转头向右。

6 吸气，保持动作。

7 呼气，腹斜肌在保证双膝双脚并拢，不出现一高一低的情况下，带动双腿落向左侧。右臂及右肩紧贴地面。

8 吸气，转头回正中位置。呼气，收紧腹斜肌，带动双腿回正中。交换体位练习。

做不到时这样做

1 基本仰卧位，骨盆脊椎中立位，膝关节屈曲呈90°，全脚掌着地，双手掌心向下自然放于体侧。保持双膝呈90°，踮起脚尖。感觉右侧腹部向左斜下方推动，在保证双膝双脚并拢，不出现一高一低的情况下，带动双腿落向左侧。

2 吸气，保持动作。

3 呼气，收紧腹斜肌，带动双腿回到原来位置。交换体位练习。

提高难度这样做

1 仰卧，呼气，肚脐贴向斜上方脊柱，腰腹下沉，尾骨固定，保证骨盆脊椎中立位的前提下，双腿、双脚并拢抬起，至与地面垂直，绷直脚尖。如抬腿过程中不能保持骨盆脊椎中立位请随时屈双膝。

2 吸气，保持身体稳定，双臂自体侧贴地上滑至胸肩位置，掌心向下压送，帮助腹肌和肋骨后部保持脊椎沉向地面。

起始动作为仰卧

3 呼气，转头向左，双腿向右移，停在可以确保双脚脚趾保持在同一平面上，左肩左臂下沉固定于地面上的位置。感受身体优雅的伸展。

4 吸气的同时，利用腹肌将双腿拉回同地面垂直的位置，转头回正中。

5 转头向右，双腿向左移。

6 完成吸气回正中后位勾脚。

7 呼气，双腿有控制地放落回地面，回骨盆脊椎中立位的仰卧姿势。若放落双腿的过程中不能保持脊椎骨盆的中立位，请随时屈双膝。

备注：正确完成双腿抬起练习及本动作第66页练习后，方可开始提高难度动作。

百拍（一百次）

目标肌肉： 腹肌。

你能行： 一吸一呼间双臂震动10次为1组，重复10组。

功效： 加强腹肌肌力及肌耐力，感知呼吸与动作间的节律与协调；提升肩带稳定性；提高身体的动态稳定系数；促进血液循环，强化心肺功能。

秘诀： 感觉腹部放置着一台沉重的水平仪。动作中我们要努力将仪器中的气泡保持在中央位置。

注意：

1. 此练习被认为是普拉提的标志性练习。有"如果没有练习过百拍，等于没练过普拉提"的说法，可见百拍对练习者肌耐力的强度要求非常高。这个动作的变体也有很多，无非是依生物力学的原理调整动作阻力的大小，比如全脚掌着地、踮脚尖、头后枕物等。一定要记住，循序渐进，量力而行，力尽则止，不可强求。

2. 如有颈、肩、背、腰、髋任何不适请停止练习。颈椎有问题及骨质疏松的练习者只可做第74页练习。

3. 为了确保肩带稳定性，练习中普遍使用普拉提杆和小球。在日常练习中可以用橙子、水瓶、雨伞、扫把或拖把杆等手边可寻之物替代。

4. 不管哪个阶段，动作中腹部要结实，腰背要沉落地面，颈、肩、背、腰要舒适安全，这才是百拍应有的姿势。

1 基本仰卧位，完成双腿抬起动作。

2 吸气，双臂自体前抬起至耳侧。腰背下沉，上背部紧贴垫子。

3 呼气，双臂自体前下落至与地面平行，感觉上腹部收紧下沉，固定住骨盆，顺势抬起头和胸，至肩胛骨下角刚刚离开垫子。双臂向双脚方向延伸。

4 吸气的同时，绷紧肩后侧，双臂上下小幅度振动5次。注意身体要保持稳定。感觉双臂像是与双肩分开，单独动作。

5 呼气的同时，双臂同吸气时一样振动5次。一吸一呼间双臂震动10次为1组，重复10组。

6 再次吸气时，将脊椎逐节轻缓地滚落回垫子上。放落双臂。呼气时，保持骨盆脊椎中立位，双腿有控制地回落至基本仰卧位。

做不到时这样做

1 基本仰卧位,双手十指交叉,掌心托于脑后枕骨下,两拇指向下作用于颈后两侧。双膝间夹放一只与自己拳头大小相当的小球(见图①)。

2 吸气,轻轻拉伸颈部,感觉头顶引领脊柱向身后墙壁延展,每节椎骨间形成一定空间。

3 呼气,感觉上腹部收紧下沉,固定住骨盆,顺势抬起头和胸,至肩胛骨下角刚刚离开垫子(见图②)。

4 吸气,暂停。感觉头部的重量被双手托住。

5 呼气,保持姿势稳定,打开右臂自体前下落至与地面平行并向双脚方向延伸。头部重量完全落在左手上(见图③)。

起始动作为仰卧

6 吸气的同时,绷紧双肩后侧,右臂上下小幅度振动5次。注意身体要保持稳定,感觉手臂像是与肩分开,单独动作。

7 呼气的同时,右臂同吸气时一样振动5次。一吸一呼间手臂振动10次为1组,重复10组。

8 再次吸气时,右臂自体前抬起,恢复至双手托头的胸部抬起姿势并保持稳定。呼气,保持姿势稳定,换左臂练习。

9 左臂练习结束后,呼气,将脊椎逐节轻缓地滚落回到垫子上。打开双手,回到基本仰卧位。

难度再降低这样做

1 基本仰卧位,将普拉提杆贴臀横放。双膝间夹放一只与自己拳头大小相当的小球。

2 吸气,轻轻拉伸颈部,感觉头顶引领脊柱向身后墙壁延展,每节椎骨间形成一定空间。

3 呼气,感觉肚脐收向斜上方的脊柱,腹肌渐渐收紧,感受自下腹开始腹背轻压下沉。带动髋关节屈曲,双腿在保持膝关节呈90°的状态下抬起,绷脚。如果身体许可,大腿可抬至与地面垂直。骨盆始终保持中立位。

4 吸气,双臂自体前抬起至耳侧。动作中腰背下沉,上背部紧贴垫子。

5 呼气,双臂自体前回落,顺势双手抓握普拉提杆向双脚方向推送,与地面平行。

6 吸气的同时,绷紧肩后侧,双臂上下小幅度振动5次。注意身体要保持稳定,感觉双臂像是与双肩分开,单独动作。

7 呼气的同时,双臂同吸气时一样振动5次。一吸一呼间双臂振动10次为1组,重复10组。

8 再次吸气时,双臂回体侧,放落普拉提杆。呼气时,保持骨盆脊椎中立位,双腿有控制地回落至基本仰卧位。

提高难度这样做

1. 完成第71页动作1、2、3，双臂振动1次呼吸。保持身体稳定，双膝伸直至双腿与地面垂直，双臂振动1次呼吸。

2. 保持身体稳定。在双膝伸直的状态下双腿降至与地面呈60°，双臂振动1次呼吸，注意腰背下沉。始终绷着脚。

3. 保持身体稳定。在双膝伸直的状态下双腿降至与地面呈30°，双臂振动1次呼吸，注意腰背下沉。

4. 在上述状态下，双腿再次向上抬至60°，1次呼吸；抬至90°，1次呼吸。然后再降低至60°，1次呼吸；降至30°，1次呼吸。然后再抬高至60°，1次呼吸；抬至90°，1次呼吸。

5. 回到第71页动作3，1次呼吸。按第71页动作6步骤落下身体。

单腿伸展

目标肌肉： 腹肌。

你能行： 尝试重复练习3~5组。

功效： 增加腹部肌力，锻炼躯干稳定性，提高身体的协调性，加强双腿控制力。

秘诀： 想象向前伸直的腿与脚达到最远的地方，坚实地开拓着新的空间。

注意： 如果腰部不适或练习中出现腰部酸痛、虚软，应停止这一练习。

1 坐姿，身体微后倾，双手置于臀后，指尖距臀一手掌距离，屈肘，双前臂置于垫面，头颈脊柱保持自然曲度伸展，绷脚，双腿并拢伸直。

2 呼气，屈双膝双髋、双大腿收向胸前，双小腿同地面平行。吸气，保持姿势。

3 呼气，向斜前方伸直左腿，注意绷起的双脚在同一高度上，动作可稍慢些，避免躯干、髋，以及腿部肌肉的晃动感。

4 吸气，将左腿拉回到起始位置。呼气换右腿伸直。吸气，将右腿拉回到起始位置。这是1组动作，重复练习3~5组。

5 吸气，放落双腿。呼气，背部有控制地放回垫子，打开双手。

做不到时这样做

1. 完成双腿抬起动作,保持姿势。

2. 呼气,向斜前方伸直右腿,注意绷起的双脚在同一高度上,动作可稍慢些,避免躯干、髋,以及腿部肌肉的晃动感。

3. 吸气,将右腿拉回到起始位置。

4. 交换体位练习。以上是1组动作,重复3~5组。

双腿伸展

目标肌肉：腹肌。

你能行：尝试重复练习3~5次。

功效：腹肌力量增强，稳定躯干、肩带。

秘诀：如同清晨醒来一跃而起时伸的懒腰。

注意：如果颈部不适，请将练习退回到身体可以接受的程度。如果腰背感觉不适或虚软，请停止练习。练习本页动作及第79页"做不到时这样做"动作，注意肩臂控制，胸部不要下落，注意头部及脊椎应在自然曲度直线上。

1 完成胸部抬起（第58页）动作。双腿抬起，双小臂交叉，掌心向下，搭在膝关节上，绷直双脚。感觉骨盆沉向地面，沉腰腹，感觉肚脐贴向斜上方的脊柱。

2 吸气，双臂自体前向头顶方向伸展，至双臂置于耳旁，同时在保持腰背稳定的前提下向前伸直双腿，同地面呈60°（双腿越低，练习难度越大），注意后背始终安全地压放在地面上。

3 呼气的同时，双臂自体侧向两边方向伸展回落，双腿返回到膝、髋关节90°位置。注意动作舒展流畅。重复动作5~10次，返回胸部抬起动作。

做不到时这样做

1 完成胸部抬起（第58页）动作。

2 呼气，腹肌收紧，腰腹下沉，屈双髋，抬起双腿至双大腿垂直于地面，双小腿同地面平行，绷脚，同时双肩水平内收，至双肘指向双肩方向。

3 吸气，打开双肩，至肘尖指向左右两侧，同时在保持腰背稳定的前提下向前伸直双腿，同地面呈60°（双腿越低，练习难度越大）。呼气，收回双臂、双腿。重复动作3~5次，返回胸部抬起姿势。

难度再降低这样做

提高难度这样做

在第78页动作基础上持续练习。只是吸气时搭放双膝上的双手翻转掌心向上，双臂自身体两侧向头顶伸展至双耳旁，同时伸展双腿。呼气时，双小臂交叉自体前回落两膝上，然后双臂返回起始位。重复动作10次。

1 坐姿，身体微后倾，双手置于臀后，指尖距臀一手掌距离，屈肘，双前臂置于垫面，头颈脊柱保持自然曲度伸展，绷脚，双腿并拢伸直。

2 呼气，屈双膝双髋，双大腿收向胸前同地面垂直，双小腿同地面平行。

3 吸气，在保持腰背稳定的前提下向前伸直双腿，同地面呈60°。

4 呼气，收回双腿。重复动作3~5次。

5 吸气，放落双腿。呼气，背部有控制放回垫子上，打开双手。

腹斜肌单腿交叉伸展

目标肌肉： 腹斜肌。

你能行： 尝试重复练习3~5次。

功效： 强化腹肌，紧致腰腹，改善身体的协调性与稳定性。

秘诀： 感觉上腹至骨盆的整个腹部区域都被压沉进垫子里。

注意： 不可用手推拉头部，脊椎有问题及骨质疏松的练习者可略过这一练习。如练习中出现脊椎不适或腰背虚软，请停止练习。

备注： 需掌握胸部抬起并旋转（第60页）动作。

1 基本仰卧位，完成双腿抬起。

2 吸气，保持姿势。呼气，完成胸部抬起。

3 呼气，感受腹斜肌带动胸肩向右，同时向斜前方伸直左腿，注意双脚脚趾在同一平面上，双肘尽量指向两侧，双手可以感受到头部的重量，切不可牵拉头颈。骨盆保持中立位固定，初始练习时，动作可稍慢些以便更好地保持稳定。

4 吸气，身体返回中央位置，左腿拉回，保持大腿与地面垂直，小腿平行地面位置，胸部保持在空中，骨盆保持中立位固定。

5 交换体位练习。重复动作3~5次。呼气，将脊椎逐节轻缓地滚落回到垫子上。放落双腿回到基本仰卧位。

起始动作为仰卧 81

做不到时这样做

1 坐姿，身体微后倾，双手置于臀后，指尖距臀一手掌距离，屈肘，双前臂置于垫面，头、颈、脊柱保持自然曲度伸展，绷脚，双腿并拢伸直。

2 呼气，屈双膝双髋，两大腿收向胸前，同地面垂直，双小腿同地面平行。吸气，保持姿势。

3 呼气，感受腹斜肌带动胸肩向右，顺势转头看向右肩后，同时向斜前方伸直左腿。

4 注意双脚脚趾保持在同一高度上。动作可稍慢些，避免躯干、髋以及腿部肌肉的晃动感。吸气，转回正中，收左腿。

5 交换体位练习。重复动作3~5次。呼气，放落双腿，将脊椎逐节轻缓地滚落回到垫子上。放落腿回到基本仰卧位。

绷脚。

一手掌距离。

肩桥

目标肌肉：腹肌、腘绳肌、臀肌。

你能行：尝试重复练习3~5次。

功效：增加躯干及骨盆稳定性，全面强化核心肌群，雕塑臀及大腿线条。

秘诀：想象髋关节被吊向天花板。双腿在移动时，躯干完全静止，大腿从骨盆分离出去，无限延长。

注意：女性生理期暂停练习。背部不适、脊椎有问题的朋友只可练习第84页动作，如果练习中感觉腰、腿有任何不适，请停止练习。无论任何阶段动作，骨盆卷动完成后，骨盆的高度在动作中保持不变。这一练习之后适合接入腘绳肌伸拉动作。

1 基本仰卧位，完成骨盆卷动（第56页）动作。做不到骨盆卷动的朋友，可借助大腿后侧、臀及下背的力量，向上抬升身体，确保膝、髋、肩在一条斜直线上。

2 呼气，保持吸气时完成的姿态，左脚绷直，确保动作中全脚掌贴地向前滑，直至左膝伸直，左髋伸展，左肩同左脚尖构成美丽的拱形弧线。

3 吸气，骨盆坚固而稳定，勾起左脚，保持膝关节伸直，向上抬左腿，将左脚跟蹬向天花板，体会左腿无限延长，绷脚。

4 呼气，骨盆始终静止不动，左大腿后侧及左臀保持收紧，绷直左脚，有控制地向前伸展下落，尽量将左脚全脚放落地面，恢复左肩同左脚尖构成的美丽弧线。

5 吸气时再次勾脚，抬腿，重复动作3~5次。

起始动作为仰卧 83

6 最后一次放落后,左脚贴地滑回至左膝呈90°,保持骨盆卷动的定型姿态。

7 右腿重复这一过程。

做不到时这样做

基本仰卧位,完成骨盆卷动后,吸气,膝、髋、肩构成的斜直线保持稳定并感觉延长。骨盆两侧高度一致。保持左腿膝关节呈90°,抬高到自己可承受的高度。如果可以,使左大腿同地面垂直,小腿与地面平行。

呼气,在保证骨盆稳定的情况下,有控制地放落左腿。要做到这一点,在放落左腿的同时要保持左臀及左大腿后侧肌肉的收紧。重复动作3~5次。抬右腿重复这一过程。

膝、髋、肩构成一条斜直线。

90°

难度再降低这样做

1 基本仰卧位，骨盆脊椎中立位，感觉脊柱的延伸感，膝关节屈曲呈90°，全脚掌着地，双手掌心向下自然放体侧。

2 呼气时，收紧腹肌，感觉腰腹轻柔地压向地面，从尾骨开始，椎骨像被优雅拿起的珠链被一颗颗拉离了地面。动作完成时，膝、髋、肩构成一条斜直线。

进步了可以这样做

备注：正确完成仰卧练习后方可开始本阶段动作。

1 仰卧，双腿伸直，绷脚，脚尖指向前方，双臂高举过头，掌心相对，保持骨盆脊椎中立位，伸展身体。

2 吸气，手臂举至体前，指尖向前。

3 呼气，收紧腹横肌，抬起头和胸，椎骨一节节离开地面，卷曲上提。双腿彻底并拢，压向地面。直至坐起后的身体超过髋关节。吸气，保持姿势。

4 呼气，脊椎逐节向后滚动，卷曲下放至地面，双臂高举过头，掌心相对，保持骨盆脊椎中立位，伸展身体。回到起始位置。重复练习3~5次。

做不到时这样做

1. 完成双腿抬起，屈髋、屈膝，至膝关节呈90°，髋关节呈90°。双手握住大腿后侧。

2. 吸气，准备进入动作。

3. 呼气的同时，大腿后侧推向双手，肚脐向斜上方的脊柱提拉，身体向前滚动，至双脚贴放地面，并顺势贴地前滑。双手顺势向前伸向脚踝，额头触膝，身体保持"C"形弯曲。

4. 吸气的同时，身体保持"C"形弯曲后移，额头离开膝头，双脚贴地后移，双手后移至大腿后侧。

难度再降低这样做

5. 呼气的同时，脊椎逐节向后滚动至地面，大腿后侧推向双手。动作结束时，身体回到起始位置。

6. 放落双脚，贴地前滑至双膝呈90°，双手掌心向下置体侧的基本仰卧位。

1. 吸气，稍屈肘。同时轻轻拉伸颈部，感觉头顶引领脊柱向身后的墙壁延展，每节椎骨间形成一定空间。

2. 呼气，收腹，双手及下臂向下按压帮助腹肌用力，感觉腰腹下沉，抬头屈颈，抬肩，抬胸，屈胸椎，感觉脊椎从上到下一节节卷动离地，尽量感觉腰椎贴地，胸颈呈"C"形。

3. 吸气，自第12胸椎向上至颈，一节节滚动伸展，返回地面。重复练习3~5次。

卷曲上提

目标肌肉： 腹肌。
你能行： 尝试重复练习3~5次。
功效： 加强腹肌力量，锻炼髋屈肌群，强化躯干屈曲活动能力，塑造腹部线条。
秘诀： 想象脊椎如同一串浑圆润泽的珍珠，舒缓而优雅地逐颗脱离地面。
注意： 严重骨盆前倾、背肌过紧、颈椎不适、椎间盘膨出及突出的朋友不要做这个练习。练习垫不可使脊柱产生任何不适感，练习中腰背有任何不适，请暂停练习。

1 基本仰卧位，屈双膝呈90°，全脚掌着地，骨盆脊椎中立位，双臂置于身体两侧，掌心向下。

2 吸气，抬双臂指向前方，两掌心相对。

3 呼气，腹横肌收紧，抬头和胸，屈胸椎，感觉脊椎一节节离地，卷曲上提，直至身体超过髋关节位置，同时屈起的双膝顺势伸直。

4 吸气，保持完成后姿势。呼气，脊椎逐节向后滚动，卷曲下放至地面。同时伸直的双膝顺势屈起呈90°，回到起始位置。重复练习3~5次。

3 吸气，收臀及下背肌，双手托举骨盆，并确保托举骨盆的双手均匀承担重量。膝、髋、肩构成的斜直线保持稳定并感觉延长。保持左腿膝关节呈90°，抬高到自己可承受的高度，如果可以，使左大腿同地面垂直。

4 呼气，在保证骨盆稳定的情况下，有控制地放落左腿。要做到这一点，在放落左腿的同时应保持左臀及左大腿后侧肌肉的收紧。

5 再次吸气时，抬右腿重复这一过程，重复动作3~5次。

6 吸气时，保持姿势暂停。呼气，双手回体侧，脊椎逐节向下舒展放落回地面。回到基本仰卧位。

双手托举骨盆细节图。

提高难度这样做

如果想增加难度，练习中可以在保持基本仰卧位的基础上，屈双肘，双手放于上臂处（见图①），或者在这个动作的基础上双髋外旋，脚心相对（见图②）。增加难度时可将脚跟压向会阴。

背部卷曲。

头贴于脚部。

脚跟压向会阴。

腿画圆圈

目标肌肉： 腹肌、髋内收肌。
你能行： 尝试重复练习3~5次。
功效： 增加骨盆及躯干的稳定性，灵活髋关节，收紧腰腹及大腿。
秘诀： 动作中感觉躯干同双腿是分离的，腿的转动不影响躯干。想象在用腿搅动盆里的面团。
注意： 如果腰背有问题，可以从"做不到时这样做"阶段进入后面的旋髋动作。如果双腿伸直后，无法保证骨盆脊椎中立位，请在"做不到时这样做"阶段停留，如果腰部酸痛，请暂停练习。
备注： 正确完成仰卧练习后方可开始本阶段动作。

1 仰卧，双手掌心向下放于体侧，双脚绷直，骨盆脊椎中立位。

2 收腹肌，感觉肚脐贴向斜上方的脊椎，向地面沉放腰背，左腿背侧用力压向地面，固定住脚跟。右腿向上抬起至身体能保持好骨盆脊椎中立位。如果可以，右腿垂直于地面。

3 动作中如不能控制身体或出现腰背不适，请屈左膝。

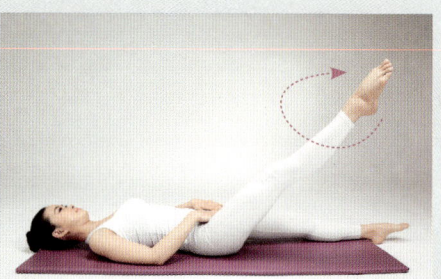

4 右腿顺时针画圈，注意收紧腹及大腿肌，尽量在确保骨盆脊椎中立位的前提下使右腿画出一个半圆形轨迹。随着躯干稳定程度的提高，可逐渐画出圆形轨迹。

5 10圈后，逆时针画圈。10圈后，勾起右脚，确保骨盆脊椎中立位，有控制地轻缓放落右腿，至仰卧位后，再次绷直脚尖。按上述要求抬左腿重复动作。

做不到时这样做

1. 基本仰卧位完成右腿的单腿抬起动作。

2. 吸气。伸直右膝至能保持躯干稳定的状态，如果许可的话，右腿可以抬到与地面呈90°位置。如果腰背有问题或直膝后出现骨盆前倾或后倾，请回单腿抬起定型姿势。

3. 完成练习即可。

备注：如果骨盆不易稳定，可以在每次回中线时收回，以半圆的运动轨迹开始练习。

提高难度这样做

按要求完成动作，但每画一圈的时间要限制在一吸一呼间。比如吸气画第1圈，呼气画第2圈。动作的幅度也跟随身体适应性的好转逐渐加大。

难度更高这样做

双臂伸展过头，掌心向上，确保骨盆脊椎中立位完成动作。

超越卷动

目标肌肉： 腹肌。

你能行： 尝试重复练习3~5次。

功效： 改善脊椎的连接与控制，强化核心肌群，伸展下背部，改善腘绳肌的柔韧性。

秘诀： 感觉身体翻转时，腹部脂肪仿佛被一把深深的勺子挖空。

注意： 颈、肩、背、腰有问题的朋友，患有高血压、骨质疏松的朋友不要做这个练习。因为动作定型时身体的重量应平衡在肩胛区域，所以不要借助任何惯性，否则易引起脊柱损伤。

1 仰卧，呼气，肚脐贴向斜上方脊柱，腰腹下沉，尾骨固定，保证骨盆脊椎中立位的前提下，双腿双脚并拢抬起，至与地面垂直，绷直脚尖。

2 吸气，双肩臂及双手下压，稳定肩带。

3 呼气，腹肌带动下背及双腿向头部上方卷动，至身体重量平衡在两肩胛间。

4 吸气，勾脚，双腿尽量伸直。

5 呼气，下巴微收向锁骨窝，双肩稳定，保持胸部扩展下沉，拉伸颈后。保持腹肌收紧，将脊椎逐节轻缓舒展地滚落回地面，然后绷脚，保持双腿伸直，大腿尽量靠近胸腔，伸展脊椎及双腿后侧。

6 抬双腿至与地面垂直。

7 再次呼气时勾双脚，双腿有控制地回落，绷脚，回骨盆脊椎中立的仰卧位。动作过程中如出现腰背拱起，不能再保证脊椎骨盆中立位，请随时屈膝。

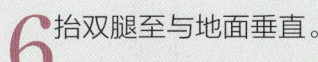

做不到时这样做

备注：开始练习时，动作中有腹肌带动收缩翻转感即可，无须强调动作保持部分或是否可将身体重量推至肩胛。

1. 基本仰卧位，完成双腿抬起动作。双肩带动双臂，双手下压，稳定肩带，动作中不可出现耸肩抬头的倾向。

2. 呼气，收腹肌，感觉肚脐贴向斜上方脊柱，骨盆后倾，下背部随之向上卷起离开地面。双臂紧压地面，帮助身体重量平衡两肩胛区域，顺势伸展双膝至身体许可。

3. 吸气，保持姿势。呼气，保持腹肌收紧，将脊椎逐节轻缓舒展地滚落回地面，放双腿回基本仰卧位。

提高难度这样做

备注：如果不能很好地完成第 92 页的动作，请不要开始本阶段训练。

1 仰卧，呼气，肚脐贴向斜上方脊柱，腰腹下沉，尾骨固定，保证骨盆脊椎中立位的前提下，双腿双脚并拢抬起，至与地面呈60°，绷直脚尖。

2 吸气，双肩臂及双手下压，稳定肩带。

3 呼气，保持身体稳定，双髋内收外展，带动双腿做一次交叉后分开，使双腿与肩同宽，然后腹肌带动双腿及下背向头顶上方卷动，身体重量平衡于两肩胛间。

4 吸气，尽量使双腿保持伸直。

5 呼气，勾双脚，将两腿向地面降下，胸肩部保持开放，手臂紧压地面，下巴向胸前微收，体会颈、背及双腿后拉伸的感觉。

6 吸气，保持住身体稳定。落在头上方的双腿再次交叉后打开回到与肩同宽。

7 呼气，保持腹肌收紧，将脊椎逐节轻缓舒展地滚落回地面，然后保持双腿伸直，大腿尽量靠近胸腔，伸展脊椎及双腿后侧。

8 抬双腿至与地面垂直。再次呼气时勾双脚，双腿有控制地回落，在确保骨盆脊椎中立位的前提下将双腿落回同地面呈60°，如动作过程中不能保证脊椎骨盆中立位，请随时屈膝。

9 吸气绷脚，收紧臀及双腿，身体保持稳定，双髋再次内收外展使双腿交换位置交叉一次，分开至与肩同宽。

10 按上述要求再次完成动作，只是头顶上方再次交叉双腿时，按本次位置完成。动作完成后，双腿放落回地面，呈骨盆脊椎中立位的仰卧姿势。

开瓶式旋转

目标肌肉：腹肌。

你能行：尝试重复练习3~5次。

功效：全面提高躯干、肩带、腰背及骨盆部位的稳定性，增强核心肌群的支持和控制力，美化腰腹及双腿线条。

秘诀：想象双腿是一体的，像美人鱼的尾巴，而脊椎则要压进垫子里去。

注意：腰背有问题的朋友不要做此练习。练习中如果腰背有任何不适，请停止练习。开始阶段的练习，动作一定要慢速度、小幅度，稳定整个躯干是非常重要的。

1. 仰卧，双臂掌心向下，自体侧贴地向上滑动至胸肩高度，向身体两侧伸展。呼气，肚脐贴向斜上方脊柱，腰腹下沉，尾骨固定，保证骨盆脊椎中立位的前提下，双腿双脚并拢抬起，至与地面垂直，绷直脚尖。

2. 吸气，双肩臂及双手下压，稳定肩带。呼气，腹肌带动下背及双腿向头部上方卷动，至身体重量平衡在两肩胛间。

3. 吸气，双腿尽量伸直，将右臀向右侧肋骨方向提升，双腿向左侧移动。

4 呼气，左侧背部向下滚动，双腿降下的同时持续动作，顺时针画圈，骨盆滚过中立位。

5 吸气，双腿继续向右侧移动向上画圈，回到双腿指向头部上方，至身体重量平衡在两肩胛间的动作。

6 呼气，反向画圈。

7 身体再次回到双腿指向头部上方，至身体重量平衡在两肩胛间的动作时稍停留。

8 呼气，下巴稍收向锁骨窝，双肩稳定，保持胸部扩展下沉，拉伸颈后。保持腹肌收紧，将脊椎逐节轻缓舒展地滚落回地面，然后保持双腿伸直，大腿尽量靠近胸腔，伸展脊椎及双腿后侧。

9 抬双腿至与地面垂直。

10 再次呼气时勾双脚，双腿有控制回落，绷脚回骨盆脊椎中立的仰卧位。动作过程中如出现腰背拱起，不能再保证脊椎骨盆中立位，请随时屈膝。

下巴微收。

双腿伸直。

做不到时这样做

将双手自体侧贴地向上至伸展过头,掌心向上,确保骨盆脊椎中立位。完成"难度再降低这样做"的双腿抬起画圈动作。

难度再降低这样做

备注:正确完成仰卧练习后,方可开始本阶段动作。

1 仰卧,双臂掌心向下,自体侧贴地向上滑动至胸肩高度,向身体两侧伸展。

2 呼气,肚脐贴向斜上方脊柱,腰腹下沉,尾骨固定,保证骨盆脊椎中立位的前提下,双腿双脚并拢抬起,至与地面垂直,绷直脚尖,做不到的朋友请退回屈膝状态。

3 吸气,稳定身体,准备动作。

4 呼气,左掌带动左臂及左肩下沉以固定肩带,双腿向右侧降下,双脚保持在同一平面及高度。双腿顺时针画圈回中心线,身体要有控制,双腿回中心线后,即保持骨盆脊椎中立位。

5 吸气,右掌带动右臂及右肩下沉及固定肩带,双腿自左侧降下,双脚保持在同一高度。双腿逆时针画圈回中心线。身体要有控制,双腿回中心线后,即保持骨盆脊椎中立位。将上述动作重复3~5次。

6 再次呼气时双臂回体侧,勾双脚,双腿有控制地回落,绷脚回骨盆脊椎中立的仰卧位。动作过程中如出现腰背拱起,不能再保证脊椎骨盆中立位,请随时屈膝。

难度最低这样做

1. 基本仰卧位，完成双腿抬起。

2. 在确保骨盆脊椎中立位的前提下，试着向上伸直双膝，如果动作中出现体力不支，无法保持骨盆脊椎中立位的情况，请试着再次屈膝至身体可控范围内。

3. 摆动双腿顺时针绕中线画圆圈，圈子可以画得小一些，慢一些，注意身体的控制感，双脚一直并拢着，不要出现一脚高一脚低的现象。5圈后，双腿回中线位置。

4. 按上述要求逆时针画圈。5圈后，双腿回中线位置。

5. 保持身体骨盆脊椎中立位的稳定，有控制地放落双腿回基本仰卧位。

腘绳肌伸拉

目标肌肉： 腹肌、腘绳肌。

你能行： 尝试重复练习3~5次。

功效： 增加骨盆及腰椎的稳定性，加强腹肌力量，改善腘绳肌柔性。

秘诀： 想象自己的动作像机器人那样。

注意： 动作中注意膝关节伸直，颈椎有问题的朋友不可盲目开始"进步了可以这样做"和"提高难度这样做"的练习，出现腰背不适及虚软等情况，请及时停止练习。

1 基本仰卧位。保持骨盆脊椎中立位，双腿向前伸直，双脚绷直。收腹肌，感觉肚脐贴向斜上方的脊椎，向地面沉放腰背，左腿背侧用力压向地面，固定住脚跟。右腿向上抬起至身体能保持好骨盆脊椎中立位。如果可以，右腿会垂直于地面，勾脚。吸气，抬双手放在右小腿前上端。

2 叩击式呼吸，呼气，右膝尽量伸直，右腿向头的方向伸拉，微动2次。

3 吸气，右腿回到同地面垂直位，然后放回地面。动作中保持骨盆脊椎中立位稳定。交换左腿练习。

做不到时这样做

1. 基本仰卧位，右腿单腿抬起。双手固定住右大腿，确保它在动作中保持稳定并同地面垂直。

2. 呼气，右小腿伸直，勾脚。

3. 再次呼气，右脚跟向上蹬，确保右膝伸直，在骨盆中立位的状态下右大腿贴向身体。

4. 吸气，右小腿回到同地面平行的位置，绷脚。重复动作3~5次。

5. 右腿回落，回基本仰卧位。左腿单腿抬起重复动作。

进步了可以这样做

1. 仰卧，保持骨盆脊椎中立位，双腿伸直，双脚绷直。
2. 保持身体稳定，做胸部抬起动作，并保持姿势。
3. 呼气，收腹肌，感觉肚脐贴向斜上方的脊柱，向地面沉放腰背，左腿背侧用力压向地面，固定住脚跟。右腿向上抬起至身体能保持好骨盆脊椎中立位，勾脚。如果可以，右腿会垂直于地面。

提高难度这样做

同"进步了可以这样做"动作相同，只是胸部抬起后，双手置于小腿后上端（见图①）。叩击式呼吸，呼气，右腿向头的方向伸拉，微动2次（见图②）。吸气，右腿与地面垂直（见图③）后放回地面。练习中如出现颈部不适，随时双手托头回"进步了可以这样做"阶段。

起始动作为仰卧

4 叩击式呼吸，呼气，右腿向头的方向伸拉，微动2次。

5 吸气，保持身体稳定，骨盆脊椎中立位，右腿放回地面。

6 呼气，抬左腿。重复动作3~5次。

7 呼气时，脊椎一节节地舒缓滚落回地面，双手回体侧。仰卧。

③

腹斜肌腘绳肌伸拉

目标肌肉： 腹肌、腘绳肌。

你能行： 尝试重复练习3次。

功效： 增加骨盆及腰椎稳定性，加强腹肌力量，改善腘绳肌柔性，雕塑腰腹线条。

秘诀： 用肩触碰另一侧抬起的腿。

注意： 骨盆中立位稳定，旋转在腰腹部发生，肘关节尽量向身后打开，肩放松。胸、颈椎有问题的朋友不适合练习。不可用手或臂牵拉头颅。动作中出现腰背不适或虚软，请停止练习。

1 仰卧，骨盆脊椎中立位。完成胸部抬起动作。

2 呼气，收腹肌，感觉肚脐贴向斜上方的脊柱，向地面沉放腰背，左腿背侧用力压向地面，固定住脚跟。身体保持好骨盆脊椎中立位，右腿向上抬起至与地面垂直，勾脚。

3 叩击式呼吸，呼气，腹斜肌带动胸肩向右，同时右膝伸直，右腿拉向头的方向，微动2次。

4 吸气，腹肌带动身体转回正中位置，打开双手，在确保身体稳定的状态下放落右腿。呼气，转换方向练习。重复3次。

5 再次呼气时，脊椎一节节舒缓地滚落回地面，双手回体侧，仰卧。

降低难度这样做

1. 基本仰卧位,骨盆脊椎中立位。按胸部抬起并旋转要求完成动作,腹斜肌带动胸肩向右。

2. 呼气时抬右腿,同地面垂直。

3. 叩击式呼吸,呼气,右膝伸直,右腿拉向头的方向,微动2次。

4. 吸气时,保持姿势,左腿向地面压放。

5. 吸气,腹肌带动身体转回正中位置,在确保身体稳定的状态下放落右腿。

6. 呼气时腹斜肌带动胸肩向左,抬左腿按上述方式练习。重复动作3次。

7. 再次呼气时,脊椎舒缓地一节节滚落回地面。双手回体侧,仰卧。

双腿下降

目标肌肉：腹肌、髂腰肌、肌直肌。

你能行：尝试重复练习5次。

功效：增加骨盆及髋关节稳定性，雕塑腹部及双腿线条。

秘诀：想象双腿像吊车的吊臂那样伸展起降，而身体则如同吊车的车身般稳定。

注意：练习中如出现腰背不适或虚软，请暂停练习。颈椎不适兼腹肌肌力不足的练习者，可暂不尝试加入胸部抬起动作。

1 仰卧，骨盆脊椎中立位，双脚绷直。呼气，身体稳定，完成胸部抬起。吸气，保持姿势。

2 呼气，肚脐贴向斜上方脊柱，收紧腹肌，向地面沉腰背，带动双腿抬起至尽量与地面垂直。吸气，勾脚，脚跟尽量蹬向天花板。

3 呼气，保持腰背下沉，腹肌、臀肌收紧，有控制地放落双腿，至脚跟离地面约2厘米，停下。吸气，绷直脚尖。

4 呼气，再次抬双腿同地面垂直，重复动作。将上述动作重复5次，最后一次时脚跟落回地面。

5 吸气，脊椎逐节舒展滚动，回落地面，双臂归体侧，回仰卧位。

做不到时这样做

1. 仰卧，骨盆脊椎中立位，双脚绷直。吸气，双手自体侧沿地面向上滑至胸肩位置，掌心向下压向地面。

2. 呼气，肚脐贴向斜上方脊柱，收紧腹肌，向地面沉腰背，带动双腿抬起至与地面垂直。

3. 吸气，勾脚，脚跟尽量蹬向天花板。

4. 呼气，保持腰背下沉，腹肌、臀肌收紧，有控制地放落双腿回地面。重复动作5次。双臂回体侧，回仰卧位。

还可以这样做

1 基本仰卧位，完成胸部抬起。保持胸部抬起动作，身体稳定，双前臂支撑于体侧稍后。

2 呼气的同时，双腿向斜上方伸直（双腿越低，动作难度越大），在安全地将后背压于地面的前提下与地面呈一定角度。然后抬起双腿贴向身体。

3 吸气，勾脚直膝向上蹬。呼气，保持勾脚，双腿有控制地放落至悬于垫上（双腿越低，动作难度越大）。重复动作5次。

4 呼气，放落双腿，脊椎逐节舒展滚动，回基本仰卧位。

难度最低这样做

1. 基本仰卧位，保持骨盆脊椎中立位，伸直右腿，绷右脚。呼气，肚脐贴向斜上方脊柱，收紧腹肌，向地面沉腰背，左脚稳定压向地面，右腿抬起至与地面垂直。

2. 吸气，勾脚，脚跟尽量蹬向天花板。

3. 呼气，保持腰背下沉，腹肌收紧，有控制地放落右腿，动作越慢，运动强度越大。重复5次。

4. 呼气时回基本仰卧位，交换左腿练习。

颈椎上提

目标肌肉：腹肌、背肌。

你能行：尝试重复练习3次。

功效：增加核心肌的协调与控制能力，改善脊椎连接形态形态。

秘诀：想象下半身被强力胶粘在了地面上，脊椎则顺滑优雅地逐节离开地面，在这个过程中，下巴和胸之间好像夹着一只橘子。

注意：椎间盘突出及骨质疏松的朋友不可进行这个练习。练习中如果发现卷动使后背出现任何不舒服，暂停练习。双肘始终指向两侧，任何时候不要用手拉动头颅。

1 仰卧，双膝分开与髋同宽（双膝间可安放一横拳）。吸气，勾起双脚，脚跟及双腿背侧、臀部压向地面，双手置头后托放。

2 呼气，完成胸部抬起，并确保舒展胸肩，双肘打开指向两侧。吸气。

3 呼气，持续保持腹肌收紧，感觉肚脐努力向斜上方脊柱拉起，腰背下沉，带动脊椎逐节向上离地卷起。动作完成时，脊椎呈"C"形弯曲，好像被人抱着腰向后用力拉。这时，下巴轻柔压向两锁骨间，双肩位于臀部正上方，肚脐处于臀部后方。

起始动作为仰卧

4 吸气,脊椎逐节向上舒展卷动,回到腰背部自然曲度同地面垂直的位置。骨盆脊椎中立位。双腿、双脚跟依然沉放地面,始终舒展胸肩,双肘打开指向两侧,身体构成一个直角。

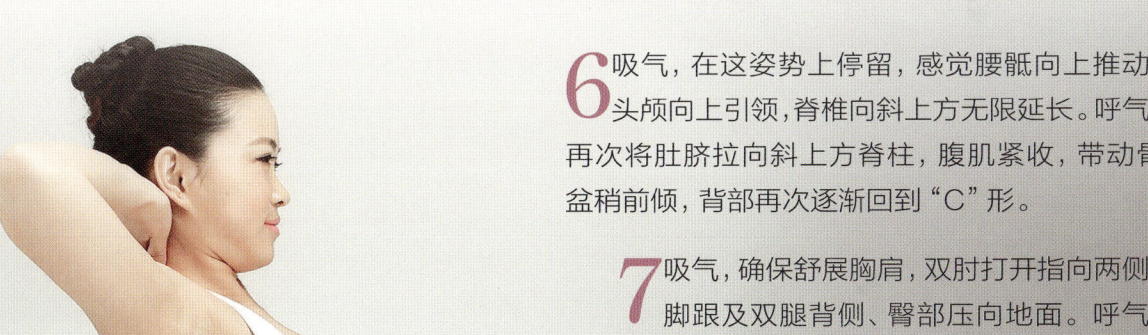

6 吸气,在这姿势上停留,感觉腰骶向上推动,头颅向上引领,脊椎向斜上方无限延长。呼气,再次将肚脐拉向斜上方脊柱,腹肌紧收,带动骨盆稍前倾,背部再次逐渐回到"C"形。

7 吸气,确保舒展胸肩,双肘打开指向两侧,脚跟及双腿背侧、臀部压向地面。呼气,脊椎逐节舒展滚落回地面,回到仰卧位。

5 呼气,感觉身体好像从大腿根处打开的自动折叠床,从髋关节向后倾斜至能控制的最大角度,始终保持腰背自然曲度。

折刀

目标肌肉： 腹肌，髋和背的伸肌。

你能行： 尝试重复练习3次。

功效： 提高核心肌力，加强控制、协调与平衡能力，改善脊椎灵活度。提高脊柱保护能力，紧致腰腹部。

秘诀： 想象双腿如同弹出的折叠自如的折刀刀片。

注意： 如果颈、肩、背、腰有问题或患有高血压及骨质疏松的朋友，不要尝试这一练习。首次练习应当有教练指导。如果练习中出现颈部承重的现象，请停止练习。

如果初始练习时，腰背不易挺拔，可先用双手托腰骶帮助支持。

1 仰卧，骨盆脊椎中立位，双脚绷直。呼气，肚脐贴向斜上方脊柱收紧腹肌，向地面沉腰背，带动双腿抬起至与地面呈60°。

2 吸气，保持核心肌收紧，腰腹下沉，双腿抬至同地面垂直，双肩臂及双手下压，稳定肩带。

3 呼气，腹肌带动双腿及下背向头顶上方卷动，直至双腿与地面平行，身体重量平衡于两肩胛间。

4 吸气，双腿伸直，收背肌，保持重心稳定，顺滑而小心地逐节伸展开脊椎。

5 呼气，双肩臂及双手下压，收紧核心肌，保持身体稳定，将双腿抬起，尽可能指向天花板。值得注意的是，动作定型时请感觉肩的背侧向上推起身体，而身体借力向天花板举起双腿，双腿则像是被起重机吊起来从而分担了身体的重量。颈椎不承担身体的重量。吸气，保持姿势。

6 呼气，双腿保持向上伸直的状态，将脊椎向身体后方逐节滚动回地面。回到双腿同地面垂直的状态。在脊椎滚动回地面的过程中，想象脚趾吊在天花板上，并始终与双腿呈一条直线。

7 吸气，保持腰腹下沉，骨盆脊椎中立位，有控制地放落双腿，尽量做到双脚跟离地面2厘米左右时停住。

8 呼气，肚脐贴向斜上方脊柱，收紧腹肌，向地面沉腰背，再次带动双腿抬起至与地面呈60°的起始姿势。重复练习3次，返回起始位置。

剪刀式

目标肌肉：核心肌。

你能行：尝试重复练习3次。

功效：增强骨盆稳定性，改善身体平衡与协调性，提高核心肌群控制力，增强腿部柔韧度。

秘诀：想象双腿是一把正在工作的园艺剪刀。

注意：颈、肩、背、腰有损伤以及骨质疏松的朋友不适合这一练习。

1 基本仰卧位，完成双腿抬起动作。呼气，收腹肌，带动背部向上卷起。顺势屈双肘，将双手掌根部支撑于骨盆顶端，指尖指向尾骨，双手如同一个稳妥的支架托举着骨盆。

2 吸气，并拢双腿，绷直脚尖，伸直双腿向天花板伸展，顺势推展脊背回正常曲度。注意核心肌收紧，双腿向上拉动，不要让双手承担所有重量。

3 呼气，在脊椎、骨盆保持稳定的前提下，尽量打开双腿，左腿向头的方向，右腿向反方向伸展。伸直双腿，体会延长的感觉。注意双腿动作力度的对称，双腿形成平衡的"V"形。

4 吸气的同时，双腿做剪刀式交叉动作，重复3~5次。如果身体许可，可直接连接单车练习，或反溯动作，至滚动脊椎回仰卧位。

做不到时这样做

1. 仰卧，骨盆脊椎中立位，绷直双脚，完成胸部抬起。保持胸部抬起的姿态。呼气，肚脐贴向斜上方脊柱，收紧腹肌，向地面沉腰背，带动双腿抬起至与地面呈60°。

2. 吸气，保持尾骨固定于地面，骨盆坚实稳定的中立位。左腿向下，右腿向上伸展。注意向下的腿离地面约2厘米。

3. 呼气，右腿向下，左腿向上，双腿做剪刀式交叉动作。重复动作3次。

4. 勾双脚，重复动作3次。有控制地放落双腿，滚动脊椎回仰卧位。

单车

目标肌肉：核心肌群。

你能行：尝试重复练习5次。

功效：强化核心肌群，增强骨盆稳定性，促进双腿的协调与控制力，提高双腿的灵活性。

秘诀：想象在踩一辆巨大的自行车，或者在失重的状态下做空中漫步。

注意：颈、肩、背、腰有损伤以及骨质疏松的朋友，不适合本页动作和第117页的"做不到时这样做"。

1 基本仰卧位，完成双腿抬起动作。呼气，收腹肌，带动背部向上卷起。顺势屈双肘，将双手掌根部支撑于骨盆顶端，指尖指向尾骨，双手如同一个稳妥的支架托举着骨盆。

2 吸气，并拢双腿，绷直脚尖，伸直双腿向天花板伸展，顺势推展脊背回正常曲度。注意核心肌收紧，双腿向上拉动，不要让双手承担所有重量。

3 在这个姿态的稳定状态下完成踩单车的动作，动作的幅度尽量做到最大。

4 如果身体许可，向下放落的脚尖应悬于地面上。重复动作5次后，做反向蹬单车的动作5次。

5 反溯动作至滚动脊椎回仰卧位。

做不到时这样做

1. 基本仰卧位，完成胸部抬起，带动双腿抬起至与地面呈60°。吸气，左腿下降至同地面呈30°，右腿稍抬高。

2. 呼气，屈左髋左膝，左大腿贴向胸腹后向上伸直左腿，同时右腿下降至同地面呈30°时屈髋屈膝贴向胸腹。

3. 吸气，左腿保持伸直下降至同地面呈30°时屈髋屈膝贴向胸腹，右腿向上伸直后，直膝下降至同地面呈30°。

4. 动作协调流畅如同踩单车。重复动作5次，然后做反向蹬单车的动作5次。

做不到这样做的简化姿势   难度再降低这样做

可以在胸部抬起后用双前臂支撑于身后完成踩单车的动作。

1. 仰卧，骨盆脊椎中立位，完成踩单车动作。

2. 重复动作5次，然后做反向蹬单车的动作5次。

平衡控制

目标肌肉：核心肌群。
你能行：尝试重复练习5次。
功效：增强身体动态平衡、控制与稳定性，促进肢体动作的流畅与协调，强化核心肌力。
秘诀：感觉打开的双腿像两头挑起重物的扁担。
注意：颈、肩、背、腰有问题或患有高血压及骨质疏松的朋友不适合练习。初次开始这一练习时要有专业教练进行监督帮助。如果练习中出现颈部承重的现象，请暂停练习。

绷直脚尖。

90°

1 仰卧，呼气，肚脐贴向斜上方脊柱，腰腹下沉，尾骨固定，保证骨盆脊椎中立位的前提下，双腿双脚并拢抬起，至与地面垂直，绷直脚尖。

起始动作为仰卧

2. 吸气，双肩臂及双手下压，稳定肩带。呼气，腹肌带动下背及双腿向头部上方卷动，至身体重量平衡在两肩胛间（见图①）。

3. 吸气，勾脚，双腿尽量伸直，双臂自体侧贴地向头方向上滑，尽量捉握脚趾。下面的动作中注意腹肌、背肌对脊柱的始终保护。

4. 进行叩击式呼吸，绷左脚，将左腿向天花板方向提起，当左腿达到最高点时，进行一次快速搏动，挑战身体的稳定性和平衡能力。注意收核心肌，双腿保持向两个方向的拉伸与延长。

5. 吸气时，两腿交换位置。注意换腿时保持身体的稳定性与控制感。重复动作5次。

6. 吸气时，双腿落回到头部上方。呼气，下巴微收向锁骨窝，双肩稳定，保持胸部扩展下沉，拉伸颈后。保持腹肌收紧，将脊椎逐节轻缓舒展地滚落回地面，然后保持双腿伸直，大腿尽量靠近胸腔，伸展脊椎及双腿后侧。

7. 抬双腿至与地面垂直，脊椎逐节滚动回仰卧位。

备注：能很好地完成腘绳肌伸拉、超越卷动、剪刀式和单车，再尝试这个练习。

练习本动作可以试试以下过渡动作。

卧位跳跃

目标肌肉： 髋外旋肌。

你能行： 尝试重复练习3~5次。

功效： 增加髋关节稳定性，提高腿部力量，雕塑腿部线条。

秘诀： 想象自己如同正在荷叶上起跳的小青蛙。

注意： 梨状肌综合征、髋关节及腰椎有问题的朋友请慎重练习，练习中如出现腰背不适请停止练习。

1 仰卧，呼气，肚脐贴向斜上方脊柱，腰腹下沉，尾骨固定。保证骨盆脊椎中立位的前提下，双腿、双脚并拢抬起，至与地面垂直，绷直脚尖。吸气，双肩臂及双手下压，稳定肩带及骨盆带。

2 勾起双脚，双脚跟向上蹬，双髋外旋，双膝正对双脚尖，脚跟相对，轻轻触碰3次。

起始动作为仰卧

3 保持勾脚旋髋、脚跟相触的状态，屈双膝，双脚跟再次触碰3次。

4 保持旋髋状态，绷直双脚，直膝向上，动作过程中始终保持双膝正对双脚尖。

5 恢复双脚并拢状态。

起始动作为坐姿

▲ 肩胛提肌伸展，第124页

▲ 滚动如球，第126页

▲ 菱形伸展，第128页

▲ 分腿平衡，第130页

▲ 分腿滚动，第132页

▲ 海狮滚动，第134页

▲ 单腿T挑战预备式，第136页

▲ T挑战预备式，第138页

▲ 双腿抬起T挑战预备式，第142页

▲ 基本T挑战，第144页

▲ T挑战，第146页

▲ 飞翔，第148页

起始动作为坐姿

▲ 彩虹，第150页

▲ 脊椎伸展，第152页

▲ 脊椎旋转，第154页

▲ 脊椎旋转并伸展，第156页

▲ 锯式练习，第158页

▲ 后置支撑，第160页

▲ 后置前拉，第162页

▲ 回力式练习，第164页

▲ 蟹式练习，第166页

▲ 康康舞式，第168页

▲ 髋画圆圈，第172页

▲ 肩画圆圈，第174页

▲ 肩髋画圆，第175页

▲ 美人鱼，第176页

肩胛提肌伸展

目标肌肉： 肩胛提肌。

你能行： 尝试重复练习3~5次。

功效： 舒缓颈椎压力，促进肩带稳定，塑造颈肩线条。

秘诀： 感觉耳朵离开同侧的肩越来越远。

注意： 动作要舒缓，注意肌肉控制感。颈椎有问题的朋友做到肌肉稍有感觉即可，不必强求做完全过程。

1 自然盘坐，右手掌心向上，指尖向左置于臀下，左手自然放于左膝上，骨盆、脊椎中立位。

2 吸气，感觉头像气球带动脊柱向天上飘，轻轻拉伸颈部，感觉每节椎骨间形成一定的空间。

3 呼气，稳定双肩，颈椎左侧屈，让左耳接近左肩。吸气，暂停。

4 呼气，保持骨盆中立位及胸、腰椎的稳定，右肘稍屈向右侧撑送。吸气，暂停。

5 呼气，自体侧抬左臂，将左手掌心贴放于头颅右侧，指尖指向右肩，轻缓施加一点压力，体会右侧颈肩的伸展感。吸气，暂停。

6 呼气，按上述顺序逆向反溯回自然盘坐。交换体位练习。

滚动如球

目标肌肉：腹肌。

你能行：尝试重复练习3~5次。

功效：强化腹肌，提高身体的稳定性和控制能力；温和按摩脊椎。

秘诀：想象自己的身体滚成一只球，或自己的身体贴靠在一只球内滚动。

注意：椎间盘突出的朋友可放弃这个练习。确保练习垫不会让椎骨有压迫感。在进行前后翻滚时，脊椎应保持平滑滚动，不可在滚动过程中伸直。如出现后背不适、僵硬，请停止。脊椎有问题、骨质疏松的朋友请慎重练习。生理期的女性朋友只可做"难度再降低这样做"。

1 坐姿，屈双膝至全脚掌舒适着地，双手搭握同侧小腿，保持腰背自然曲度伸展。吸气，准备动作。

2 呼气同时收腹拱腰，驼背，圆肩，低头。从头顶到骨盆形成一个拉长的"C"形。

3 吸气，提升双脚离开地面，身体向后倾斜，在尾骶区域找到平衡支撑点。呼气，暂停。

4 吸气的同时，身体向后滚动，至肩胛间形成平衡支撑点。后脑不要接触垫子。呼气的同时，身体向前滚动。

5 重复动作3~5次。呼气，从脊椎底端向上逐节缓慢拉伸脊柱，直到脊椎回到自然曲度下伸展状态。

做不到时这样做

1. 完成"难度再降低这样做"的动作1、动作2。
2. 吸气的同时身体向后滚动,顺势将双手掌心向下放到地面上,帮助腰腹用力,至肩胛部位均匀承担身体重量。
3. 呼气的同时,身体向前滚动至起始位置。重复动作3~5次。
4. 呼气,从脊椎底端向上逐节缓慢拉伸脊柱,直到脊椎回到自然曲度下伸展状态。

难度再降低这样做

1. 坐姿,屈双膝至全脚掌舒适着地,双手十指交叉置于两大腿后,保持腰背自然曲度伸展。吸气,准备动作。
2. 呼气同时收腹拱腰,驼背,圆肩,低头。从头顶到骨盆形成一个拉长的"C"形。
3. 吸气,暂停。呼气,从脊椎底端向上逐节缓慢拉伸脊柱,直到脊椎回到自然曲度下伸展状态。

提高难度这样做

所有动作过程同第126页动作,只是双手位置改为双臂交叉,双手抓握对侧脚掌外缘。

菱形伸展

目标肌肉： 背肌、髋外旋肌。

你能行： 尝试重复练习3~5次。

功效： 强化身体动态过程中脊椎的正确联结，改善髋关节灵活度及养分供应。

秘诀： 感觉身体像折叠手机的翻盖。

注意： 动作主要以旋髋与屈髋为主，髋关节有损伤的朋友请慎重练习。

1 坐姿，双腿并拢向前伸直，保持骨盆、脊椎中立位，感觉头像气球带动脊柱向天上飘，躯干肌群轻轻收紧，感受腹、背、侧腰有伸懒腰似的向上伸展感，这时腰曲同墙壁间的距离为3~5厘米，背部曲线流畅。双手自然置于体侧。

2 双髋外旋，屈双膝，双脚脚心相对置于身前，双手抓握脚踝或脚尖。脚跟正对会阴，双腿构成一个菱形。下面的动作中，膝关节不应该有任何压力。

3 双髋外旋至最大幅度。

4 保持脊椎正常曲度伸展感,从大腿根向前叠身体至最大幅度。感觉头向前牵引脊椎,双肩向两侧打开,扩胸,双手始终抓握脚踝或脚尖。

5 收腹肌,脊椎一节节回卷至正常曲度下同地面垂直,双手分别搭放在双小腿上,感觉腰骶肌肉向上的支撑力。

练习中也可以将头颅自然垂放在双小腿或双脚之间,放松腰背,作为休息体式使用。

分腿平衡

目标肌肉： 核心肌、髋外旋肌。

你能行： 尝试重复练习3~5次。

功效： 强化身体动态过程中躯干的稳定性，改善双腿的柔韧度及髋关节灵活性，增加腰骶的控制与力量。

秘诀： 双臂像挥舞指挥棒一样挥舞着双腿。

注意： 腰背力量不足、有损伤及髋关节有损伤的朋友请慎重练习。

1 以菱形伸展的姿态坐直。双臂位于双腿内侧，双手握脚踝或小腿。

2 脊椎保持自然曲度伸展状态，身体后倾，双肩打开并下沉，双脚顺势离开地面。

3 吸气，左膝伸直，左腿向外伸展打开，左脚位于左肩外上方。双肩保持打开下沉，脊椎保持中立位伸展拉长，骨盆稳定。

4 呼气，屈左膝，身体返回初始状态。

5 再次吸气时，伸右膝练习。

6 呼气，屈右膝，身体返回初始状态。

7 再次吸气时，同时伸双膝练习。呼气，屈双膝，身体返回初始状态。

分腿滚动

目标肌肉： 腹肌、背伸肌。

你能行： 尝试重复练习3~5次。

功效： 强化腹肌及背伸肌力量，增强躯干稳定性，保持身体平衡控制能力，按摩脊背。

秘诀： 想象自己坐在摇椅中，前后顺畅地滚动。

注意： 脊椎有问题或患有骨质疏松、高血压的朋友请慎重练习。如果初始练习时很难完成动作要求，双手可以从脚掌移至脚踝、小腿或大腿下端。练习垫不应使腰背产生压迫感。生理期的女性朋友暂停这一练习。

1. 以菱形伸展的姿态坐直。双臂位于双腿内侧。在下面的动作中，双手始终捉握脚掌、脚踝或小腿。

2. 脊椎保持自然曲度伸展状态，身体后倾，双肩打开并下沉，双脚顺势离开地面。

3. 吸气，双膝伸直，双腿向外伸展打开，双脚位于双肩外上方，双肩保持打开下沉，脊椎保持中立位伸展拉长，骨盆稳定。

4. 呼气，将视线保持在骨盆上，双腿伸直。

起始动作为坐姿

5 吸气，背部屈曲，椎骨一节节向后滚动至肩胛部位，身体呈"C"形弯曲。

6 呼气，身体向上逐节滚动，并在腹肌、背肌的作用下，逐节向上推直腰背，保持双腿向外上方伸直打开的状态。

7 吸气，稳定身体，保持造型。呼气，将视线再次移向骨盆，伸展双腿。吸气，重复动作。

8 重复动作5次，渐次反溯动作回菱形伸展坐姿。

海狮滚动

目标肌肉： 腹肌、背肌。

你能行： 尝试重复练习5次。

功效： 增强核心肌力，提高平衡与控制力，增加躯干稳定性，按摩脊背。

秘诀： 想象自己像海洋世界里，正在用双鳍捧着彩球高兴地前后翻滚的小海狮。将这一练习难度降低的办法是：不用拍打脚掌。

注意： 脊椎有问题或患有骨质疏松、高血压的朋友请慎重练习。练习垫不应使腰背产生压迫感。生理期的女性朋友暂停这一练习。

1. 以菱形伸展的姿态坐直，双手臂穿过菱形的中央，向外包绕小腿，双手掌自小脚趾侧捉握脚掌。

2. 脊柱保持中立位伸展延长的状态下向后倾身体，双脚顺势离开地面约10厘米，直至找到身体的平衡。双手捉握双脚掌像海狮拍打鳍脚一样，相互轻拍3次。

3 吸气，视线落于骨盆上，身体向后滚动至肩胛部位，身体呈"C"形。

4 自然呼吸，将身体的重量平衡于两肩胛间，双脚在眼前轻拍3次。

5 呼气，身体逐节向上滚动，至尾骶区域平衡支撑住身体。利用腹、背肌将脊椎自然曲度推直，伸展延长，回初始姿势。

单腿T挑战预备式

目标肌肉： 腹肌、背伸肌。

你能行： 尝试重复练习3~5次。

功效： 强化核心肌群，增强躯干稳定性与平衡控制能力，改善脊椎灵活度。

秘诀： 想象脊椎骨像魔术师手中流动的扑克牌，在曲线与直线间优雅流畅地变换。

注意： 脊背有问题、骨质疏松、腰背肌肌力不足的朋友请慎重练习。练习垫不应使脊柱产生任何不适。注意动作的流畅与协调，始终保持胸部打开，双肩下沉，面部放松。练习中如腰背出现任何不适，请停止练习。

1. 屈膝坐位，双手捉握双大腿后，骨盆脊椎中立位，全脚掌着地，膝关节呈90°。

2. 抬左腿，左膝伸直，绷左脚，双膝置一条直线上，双手掌心相对前平举。

起始动作为坐姿 137

3 吸气,保持双腿位置,脊椎逐节滚落回地面,双臂顺势保持掌心相对,自体前伸展过头,翻转肩臂至掌心向上。保持骨盆脊椎中立位。

提高难度这样做

4 呼气,双臂回体前,掌心相对前平举,收腹肌带动脊椎逐节离开地面。

5 吸气,在腹肌、背肌的协同作用下,自尾骶向上一节节推动脊椎回骨盆脊椎中立位。顺势将双臂自体前向上伸展过头。

6 双臂放回掌心相对前平举位。重复动作5次。交换右腿练习。

在完成上面的动作后,加入下列动作:保持姿势,核心肌收紧,身体有控制地向直膝腿侧转动;身体转回;保持双腿位置,脊椎逐节滚落回地面,回上述动作3;重复动作。

T挑战预备式

目标肌肉： 腹肌、背伸肌。

你能行： 尝试重复练习5次。

功效： 提高身体的平衡、稳定、协调与控制能力，强化核心肌力。

秘诀： 想象身体的坐姿稳定点像扎根一样沉入地面。

注意： 脊背有问题、骨质疏松、腰背肌肌力不足的朋友请慎重练习。练习垫不应使脊柱产生任何不适。注意动作的流畅与协调，始终保持胸部打开，双肩下沉，面部放松。练习中如腰背出现任何不适，请停止练习。

1 屈膝坐位，双手捉握双大腿后，骨盆脊椎中立位，全脚掌着地，膝关节呈90°。脊柱保持中立位伸展延长的状态下向后倾身体，直至找到身体的平衡。

2 保持骨盆脊椎的稳定，双膝呈90°的姿态抬双腿至双小腿同地面平行。如果可以，打开双臂，双手掌心相对前平举。

3 呼气，腹肌带动脊椎逐节滚动下落，直到保持双腿抬起姿势，骨盆脊椎中立位躺回地面。双手顺势自体前伸展过头，翻转肩臂至掌心向上。

4 吸气，保持双腿稳定，伸展身体，双手回掌心相对前平举。

5 呼气，脊椎卷曲上提逐节离开地面，直至找到坐姿的平衡。吸气，保持姿态。

6 呼气，腹背用力，带动脊椎自尾骶向上逐节推展回自然曲度伸展状态，双臂顺势自体前上举过头。吸气，双臂回掌心相对前平举。

做不到时这样做

1. 屈膝坐位,双手捉握双大腿后,骨盆脊椎中立位,全脚掌着地,膝关节呈90°。脊柱保持中立位伸展延长的状态下向后倾身体,直至找到身体的平衡。

2. 保持骨盆脊椎的稳定,双膝呈90°的姿态抬双腿至双小腿同地面平行。如果可以,打开双臂,双手掌心相对前平举。如果打开双手时不能再保证骨盆、脊椎的稳定,那就停在双手握双大腿后的姿势上并保持,决不可尝试下面的动作。

3. 呼气,腹肌带动脊椎逐节滚动下落,直到保持双腿抬起姿势,骨盆脊椎中立位躺回地面。双手顺势自体前伸展过头,翻转肩臂至掌心向上。吸气,保持双腿稳定,伸展身体。

起始动作为坐姿　141

4 呼气，双臂自体前回落地面，掌心向下。

5 收腹肌，屈双肘，双前臂下压，身体逐节离开地面。

6 吸气，腹背用力，双手压地，双肘伸直，带动脊背自尾骶一节节推展回骨盆脊椎中立位。双臂抬起回掌心相对前平举状态。

双腿抬起 T 挑战预备式

目标肌肉： 腹肌、背肌、髋屈肌。

你能行： 尝试重复练习5~10次。

功效： 强化核心肌群，提高躯干稳定性与平衡控制能力，增强髋关节机能。

秘诀： 双腿像抬起落下的铡刀。

注意： 腰背有问题、患骨质疏松的朋友请慎重练习，如果练习中出现腰背不适，请停止练习。

1. 屈膝坐位，双手捉握双大腿后，骨盆脊椎中立位，全脚掌着地，膝关节呈90°。

2. 脊柱保持中立位伸展延长的状态下向后倾身体，直至找到身体的平衡。

3. 双手打开，置于臀后约一手掌距离，指尖指向双脚方向。双脚贴地向前至双腿伸直，绷直双脚尖。

4. 稍屈肘，帮助腹肌、背肌用力，保持脊背自然曲度伸展。动作中双臂的支撑只是辅助，尽量保持打开胸肩，放松头颈。

5 呼气时，在保持躯干稳定的状态下抬起双腿，至双腿与躯干呈"V"形。

6 吸气时，在保持躯干稳定的状态下放落双腿，至双腿与地面呈10°。

提高难度这样做

完成前面动作1、动作2。双臂打开，掌心相对自体前向上至双臂置于头颅两侧，肩臂与身体保持一条斜直线。双脚贴地向前至双腿伸直，绷直双脚尖。呼气时，在保持躯干稳定的状态下抬起双腿，至双腿与躯干呈"V"形。吸气时，在保持躯干稳定的状况下放落双腿，至双腿与地面呈10°。

基本T挑战

目标肌肉： 腹肌、背肌。

你能行： 尝试重复练习5~10次。

功效： 提高身体的平衡、稳定、协调与控制的能力，强化核心肌力，增强脊柱灵活性。

秘诀： 感觉双腿沿着60°的斜面向上被提拉，坐位平衡点则牢牢地沉向地面。

注意： 脊背有问题、骨质疏松、腰背肌肌力不足的朋友请慎重练习。练习垫不应使脊柱产生任何不适。注意动作的流畅与协调，始终保持胸部打开，双肩下沉，面部放松。练习中如腰背出现任何不适，请停止练习。

1 屈膝坐位，双手捉握双大腿后，骨盆脊椎中立位，全脚掌着地，膝关节呈90°。脊柱保持中立位伸展延长的状态下向后倾身体，直至找到身体的平衡。

2 双臂打开，掌心相对自体前向上至双臂置于头颅两侧，肩臂与身体保持一条斜直线。

3 双脚贴地向前至双腿伸直，绷直双脚尖。

4 呼气时，在保持躯干稳定的状态下抬起双腿，至双腿与地面呈60°。并向斜上方伸展延长。这是本动作的起始动作。

5 下面的动作中,请保持双腿同地面的角度与向上的提拉延伸感。

6 呼气,双臂回落至掌心相对前平举,腹肌带动脊椎逐节滚动下落,双腿保持起始位置,骨盆脊椎中立位躺回地面。双手顺势自体前伸展过头。

7 吸气,保持双腿稳定,伸展身体,双手回前平举。

8 呼气,脊椎卷曲上提逐节离开地面,直至找到坐姿平衡。吸气,保持姿态。

9 呼气,腹背用力,带动脊椎自尾骶向上逐节推展回自然曲度伸展状态,双臂顺势自体前上举过头。

T挑战

目标肌肉： 腹肌、背肌。

你能行： 尝试重复练习5~10次。

功效： 提高身体的平衡、稳定、协调与控制能力，强化核心肌力，增强脊柱灵活性。

秘诀： 参见T挑战系列所有提示部分。

注意： 脊背有问题、骨质疏松、腰背肌肌力不足的朋友请慎重练习。练习垫不应使脊柱产生任何不适。注意动作的流畅与协调，始终保持胸部打开，双肩下沉，面部放松。练习中如腰背出现任何不适，请停止练习。

1 屈膝坐位，双手捉握双大腿后，骨盆脊椎中立位，全脚掌着地，膝关节呈90°。脊柱保持中立位伸展延长的状态下向后倾身体，直至找到身体的平衡。

2 双臂打开，掌心相对自体前向上至双臂置于头颅两侧，肩臂与身体保持一条斜直线。

3 双脚贴地向前至双腿伸直，绷直双脚尖。

4 呼气时，在保持躯干稳定的状态下抬起双腿，至双腿与地面呈60°，并向斜上方伸展延长。这是本动作的起始动作。

5 吸气，双臂回落至掌心相对前平举，腹肌带动脊椎逐节滚动下落的同时双腿同步下落。至双脚跟离地面5~10厘米时，骨盆脊椎中立位躺回地面。双手顺势自体前伸展过头，翻转肩臂至掌心向上。

6 呼气，脊椎卷曲上提逐节离开地面，双臂双腿同时抬起，直至找到坐姿平衡。

7 吸气，腹背用力，带动脊椎自尾骶向上逐节推展回中立位，回到起始动作。

飞翔

目标肌肉： 腹肌、背肌。

你能行： 尝试重复练习3~5次。

功效： 全面增强脊柱灵活性以及身体平衡、稳定与控制能力，强化核心肌群。

秘诀： 想象脊柱像是一把螺丝刀正在向斜面上拧螺钉。

注意： 腰背有问题，腹肌、背肌肌力不足的朋友请不要练习。如果练习中发现自己不能保持脊椎的自然曲度伸展状态，就暂时不要开始这一练习。

如果身体许可，可打开右手。

1 屈膝坐位，双手捉握双大腿后，骨盆脊椎中立位，全脚掌着地，膝关节呈90°。脊柱保持中立位伸展延长的状态下向后倾身体，直至找到身体的平衡。

2 双小腿抬起至与地面平行，保持腰背自然曲度伸展，打开双臂掌心相对前平举，这是本动作的起始动作。

3 左膝伸直，双脚绷直，右膝稍屈至右脚尖悬于地面。

4 呼气，右手捉握左脚踝，腰背向左后方转动，左臂伸展至指尖轻触地面，胸肩自然打开，感觉肩臂的延长，转头看向左肩后方。如果身体许可，可打开右手，但不可勉强。

5 吸气，身体带动左肩臂向前转动，打开右手，收双膝回起始动作。交换体位练习。

做不到时这样做

1. 屈膝坐位，双手捉握双大腿后。骨盆脊椎中立位，全脚掌着地，膝关节呈90°。

2. 脊柱保持中立位伸展延长的状态下向后倾身体，直至找到身体的平衡。

3. 抬左腿，左膝伸直，绷左脚，双膝置一条直线上。

4. 打开左手置臀后，指尖向后滑动至手指或手掌触地，可以帮助腰背肌用力使脊柱自然曲度下的伸展。

5. 打开右手捉握左脚踝。

6. 呼气，肚脐带动身体向左后方扭转。极限时眼看左肩后，胸、肩自然打开。吸气，转身向前，收回双手及左腿。交换体位练习。

彩虹

目标肌肉： 腹斜肌、腰方肌、竖脊肌。

你能行： 尝试重复练习3~5次。

功效： 全面发展脊柱灵活性，增强骨盆带的稳定性，塑造体侧线条。

秘诀： 感觉虽然两大腿上压放了很重的物品无法移动，但自己仍然可以画出天上的彩虹。

注意： 练习中始终注意收腹肌、背肌，保持骨盆中立位。如果腹肌、背肌肌力不足，造成练习中腰部前凸不适，请暂停练习。

1 坐姿，保持骨盆、脊椎中立位，绷脚，双腿在舒适的范围内向左右两侧分开，并在动作中始终保持脚尖、膝盖以及大腿的上方正对天花板。

2 吸气，双肩外展至双臂掌心向下侧平举，感觉头像气球带动脊柱轻柔地向天上飘，每节椎骨间形成一定的空间，两肩舒展，感觉双臂向两侧无限延展。

3 呼气,保持骨盆中立位,双肩臂在一条直线上,躯干向左侧屈,尽量使左手指触地。吸气,暂停。

4 呼气,腰肌、腹肌、背肌发力,带动躯干回正中。交换体位练习。

提高难度这样做

难度更高这样做

动作过程同前面一致,只是一侧手指触地后,翻转对侧肩臂,至掌心向上,尽量展肩使上臂贴向同侧耳旁。触地的手掌可稍稍支撑地面,帮助骨盆保持中立位。

动作过程同"提高难度这样做"一致,只是在确认身体不需要触地的手掌帮助即可保持骨盆中立位后,将触地侧的肘关节屈起,肩臂向对侧移,掌心向上放于对侧大腿上。再次呼气时,在保持骨盆中立位的基础上,加强躯干的侧屈。

脊椎伸展

目标肌肉： 腹肌、背伸肌。

你能行： 尝试重复练习3~5次。

功效： 提高脊椎的自我保护能力，增加躯干的稳定性及腘绳肌的柔韧性。

秘诀： 想象自己正顺着波浪戏水，顺着海浪的弧度曲背钻入水中，然后向上伸展冲出水面。

注意： 颈、肩、背、腰有问题的朋友慎重练习。

1 直膝坐位，感觉尾骶区域、胸肩位置、后脑枕骨好像靠着墙壁，下巴向锁骨窝处微收，后脑贴墙上滑，感觉头像气球带动脊柱向天上飘，躯干肌群轻轻收紧，感受腹、背、侧腰有伸懒腰似的向上伸展感。双腿分开与肩同宽，双膝伸直，勾双脚，脚跟向前蹬。双手掌心相对前平举。这是本动作的起始动作。

2 吸气，感受脊柱的延伸感，准备动作。

3 呼气，下巴去找体中线上的锁骨窝，感觉脊椎逐节向下卷动。在骨盆处于中立位的状态下卷动到极限边缘，双肩放松，双臂随身体向前向下的卷动自然落向地面，沿地面滑动指尖。

4 吸气，保持姿态，感受肺部扩张带给后背的感觉。呼气，自下向上逐节推展脊椎，返回起始动作。

起始动作为坐姿 153

向前伸展。

提高难度这样做

完成前面动作后,吸气,手指沿地面向前伸展,骨盆前倾,自尾骶向斜前方推展脊椎,至脊柱形成一条自然曲度延伸的斜直线,双臂自然置耳侧。呼气,再次垂落头,逐节屈曲脊椎至脊椎斜前方伸展前的屈曲姿势。吸气,自下向上逐节推展脊椎,回起始动作。

双臂置耳侧。

勾双脚。

双腿分开,与肩同宽。

脚跟向前蹬。

脊椎旋转

目标肌肉： 腹斜肌。

你能行： 尝试重复练习3~5次。

功效： 促进躯干稳定，全面锻炼腹肌、背肌，提高骨盆及肩带的控制力。

秘诀： 想象双腿被压在重物下无法移动，脊柱像是垂直插入地面正在转动的钥匙。

注意： 如果练习中感觉腰背有任何不适，请停止这一练习。如果感觉颈、肩有任何不适或抬起双臂后无法保持脊椎骨盆的中立位，请将双臂放于胸前自然交叉。如果无法在骨盆脊椎中立位的状态下正确完成双腿并拢的直膝坐位，可尝试双膝分开一横拳宽，并坐在瑜伽砖或卷起的坐垫上。初始练习时，也可先将双臂搭放在普拉提杆上来帮助肩带的稳定。

1 直膝坐位，双腿并拢，勾双脚，向前蹬脚跟。双臂掌心向上侧平举，感觉肩臂向两侧无限地延长。感觉肛门会阴区域有一部观光电梯，在呼吸间向肋骨方向旋转上升，中立位的脊椎不断向上伸展延长，腰腹自然收紧，变细。这是本动作的起始动作。

2 保持臀部稳定地坐在垫上，双肩放松舒展。叩击式呼吸。

3 呼气,在腹斜肌带动下向右侧做2次旋转。

4 再次呼气时向左侧转动。

双手掌心相对。

提高难度这样做

起始动作时,将侧平举的双臂变为在保持双肩打开放松,骨盆脊椎中立位的前提下,将双臂抬至头部上方,掌心相对。后面的动作同前文一致。

勾双脚。

双腿并拢。

脚跟向后蹬。

脊椎旋转并伸展

目标肌肉： 腹斜肌、背伸肌。

你能行： 尝试重复练习3次。

功效： 强化躯干稳定性及脊椎灵活度，改善下背部循环。

秘诀： 想象躯干好像是被向上旋转拔起的瓶塞。

注意： 如果练习中感觉腰背有任何不适，请停止这一练习。如果感觉颈、肩、胸部有任何不适，请将双臂放于胸前自然交叉。如果无法在骨盆脊椎中立位的状态下正确完成双腿并拢的直膝坐位，可尝试双膝分开一横拳宽，并坐在瑜伽砖或卷起的坐垫上。

1 直膝坐位，双腿并拢伸直，勾双脚，双臂置于体侧，指尖着地。

2 保持骨盆脊椎中立位，臀部安稳坐于垫上，屈右膝，右脚全脚掌着地放于左腿外侧，根据身体保持骨盆脊椎中立位的状况，右脚可以向左大腿方向移动。

起始动作为坐姿

3 右手指尖向后置于右臀后,借推动地面的反作用力,帮助背肌保持脊柱的自然曲度。

4 呼气,保持骨盆中立位的情况下,腹肌带动身体向右侧转动,顺势将左臂贴放于右腿外侧,左手掌心向右,双肩自然打开。吸气,稳定坐骨,脊椎向天花板提拔伸展,借助左臂贴靠右腿的力帮助胸肩稳定打开。

5 呼气,感觉可以更少地借助双臂的力量,脊椎更稳定地向上旋转伸展。吸气,向前转身,双臂回体侧,回双腿并拢的直膝坐位。交换体位练习。

锯式练习

目标肌肉： 腹肌、背肌、腘绳肌。

你能行： 尝试重复练习3~5次。

功效： 加强腹肌、背肌的力量控制，从而使脊柱保持正确姿态及稳定性。增强腘绳肌的柔韧性，并促进胸廓肌肉的全面伸展。

秘诀： 想象臀部粘在地面上无法移动，后背则背负着十字架。

注意： 如果练习中感觉腰背有任何不适，请停止这一练习。如果感觉颈、肩有任何不适，或抬起双臂后无法保持脊椎骨盆的中立位，请将双臂于胸前自然交叉。无法保持脊椎正常曲度的朋友，暂时不要开始这一练习．

1 直膝坐位，骨盆脊椎中立位，双腿分开略比肩宽，勾双脚，双手掌心向上侧平举。这是本动作的起始动作。

2 吸气，保持躯干稳定，向右扭转。

3 呼气，保持脊椎的自然曲度。左臀始终稳坐垫上，将左胸贴向右大腿，左掌尽量贴向右脚外侧，掌心向右。右臂伸向身体后上方，眼睛看向右臂的方向。吸气，伸展脊椎，身体更多地贴向地面。呼气，抬起身体。

4 吸气，转身返回起始位置。再次吸气时反方向练习。

左掌贴右脚外侧。

左胸贴向右大腿。

左臀稳坐于垫上。

后置支撑

目标肌肉： 肩伸展肌、髋伸展肌、核心肌。

你能行： 尝试重复练习3次。

功效： 舒展肩、髋区域，加强肩伸展肌群及髋伸展肌群力量，提高躯干稳定性。

秘诀： 想象自己躺在一张上下倾斜的床上，双脚抵在地上保持着稳定。

注意： 手腕有问题的朋友慎重练习，也可试着用前臂及双肘来支撑身体，动作中如出现任何腰背不适，请停止练习。

1 直膝坐位，手臂伸直后撤，至指尖距离臀部约一个手掌长度的位置，双膝并拢，绷直双脚，抬头、颈、胸、肩。

2 呼气，收核心肌，向上抬起骨盆至绷直的双脚掌完全着地，肩、髋、膝、踝在一条斜直线上，稍抬头至颈部舒适的位置，胸肩舒展打开。吸气，保持动作至2次呼吸后。

3 再次吸气时，骨盆有控制地下放至悬于地面。呼气时再次抬起骨盆。

备注： 有朋友在练习本动作时会出现因肌肉不平衡或肌力不足引起的小腿痉挛，这时可以试试以下过渡动作：直膝坐位，一条腿屈膝至膝关节呈90°，然后在这个起始动作上完成动作（见图①）。也可以双手垫高之后弱化动作（见图②）。

①

②

做不到时这样做

1. 屈膝坐位，躯干后倾，双手指尖向前置于臀后一个至一个半手掌长度的位置，双脚跟移动置于距臀一个至一个半脚掌的位置。

2. 呼气，收核心肌，向上抬起骨盆，尽量使肩、髋、膝在一条直线上，稍抬头，保持颈肩舒适，胸肩打开。双臂、双腿平均承担身体重量。吸气，保持动作至2次呼吸后。

3. 再次吸气时，骨盆有控制地下放至悬于地面。

4. 呼气，再次抬起骨盆至与地面平行。

后置前拉

目标肌肉： 肩、髋伸展肌群。
你能行： 尝试重复练习3~5次。
功效： 提升躯干稳定性，加强核心肌及整个骨盆带区域的控制与力量。
秘诀： 髋关节像异极相吸的磁铁，向天花板推提。
注意： 手腕有问题的朋友请慎重练习。练习中腰背如有任何不适请停止练习。

1. 后置支撑的定型动作为本动作的起始动作。

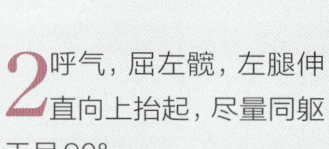

2. 呼气，屈左髋，左腿伸直向上抬起，尽量同躯干呈90°。

3. 吸气，左腿有控制下落至脚跟悬于地面。呼气时再次抬起。重复3~5次。回起始动作后抬起右腿练习。

在练习步骤2时会出现因肌肉不平衡或肌力不足引起的小腿痉挛，这时可以试试垫高双手。

起始动作为坐姿 163

做不到时这样做

1. 后置支撑"做不到时这样做"的定型动作，是本动作的起始动作。

2. 呼气，屈左髋，左腿伸直向上抬起，尽量同躯干呈90°。

3. 吸气，左腿有控制地下落至脚跟悬于地面或着地。

4. 呼气时再次抬起。重复动作3~5次。回起始动作后抬起右腿练习。

回力式练习

目标肌肉： 核心肌。

你能行： 尝试重复练习3次。

功效： 加强核心肌群在身体动态过程中的控制力，提高身体平衡性、柔韧性及灵活度。

秘诀： 想象这是一段流畅优美的舞姿，被自己演绎出来。

注意： 颈、肩、背、腰有问题者，高血压、骨质疏松者以及女性生理期的朋友不要进行这个练习。练习垫不应让脊椎有任何压迫感。动作中避免利用惯性。

1 直膝坐位，右脚踝交叠在左脚踝上，双脚绷直，胸部贴向大腿，左手交叠在右手手腕上，双臂轻柔地伸向远方。这是本动作的起始动作。

2 吸气，收腹肌，脊椎开始向后逐节滚动，双腿抬起，双手顺势滑到双腿两侧地面上。

3 呼气，身体向后滚动至身体重量平衡在两肩胛间，头颈不应感受到压力，双腿配合向后划过头部，与地面平行。

4 吸气，以剪刀动作交换两脚踝交叠位置。

5 呼气，收腹肌、背肌，脊椎逐节滚落后再向上卷起，至平衡住身体，保持双踝交叠。双腿配合落下至与地面呈60°。

6 呼气，双臂自体前向后掠过身体，在背后十指交叉握拳，肩臂尽量向后伸展，扩展前胸。

7 吸气，自尾骶向上逐节推展脊椎至脊柱自然曲度。双臂顺势自体前向上伸展过头，十指张开，掌心向前。颈肩放松，身体呈"V"形。

8 吸气，有控制地降低双腿。呼气，双手打开，双臂前伸，双腿落地，身体叠放向双腿，回起始动作。保持左脚踝在上的双腿交叠。

蟹式练习

目标肌肉：核心肌。

你能行：尝试重复练习3次。

功效：加强核心肌群在身体动态过程中的控制力，提高身体平衡、柔韧性及灵活度，按摩脊背。

秘诀：想象身体如同随时握拳卷起，伸指弹开的手掌。

注意：颈、肩、背、腰有问题者，高血压者、骨质疏松者及女性生理期的朋友不要进行这个练习。练习垫不应让脊椎有任何压迫感。动作中避免利用惯性。

1 屈膝坐位，双踝交叠，双腕交叠，双手搭放在对侧的脚踝或脚掌上。

2 呼气同时收腹拱腰，驼背，圆肩，低头。从头顶到骨盆形成一个拉长的"C"形。

3 吸气，提升双脚离开地面，身体向后倾斜，在尾骶区域找到平衡支撑点。这是本动作的起始动作。

4 呼气，脊柱保持"C"形，向后逐节滚动至身体重量保持在两肩胛间，轻轻放落肩、颈、头部，视线依然向骨盆区域。

5 吸气，双腿伸直，平行于地面，身体重量依然平衡于两肩胛间，以剪刀动作交换两踝位置。

6 呼气，屈髋，屈膝，双脚跟压向臀，双手搭放在对侧脚踝上，向上滚动至起始位置后继续向前滚动至头前侧着地。

7 吸气，保持拱背，体会颈、背区域伸展，头颈区域不承力。注意双脚跟在不影响身体平衡的前提下贴向臀部。

8 呼气，滚动回双踝位置交换的起始动作。重复动作3次，每次轮换脚踝的相互位置。

9 结束动作后，吸气的同时，身体跪起，双臂自体前向上提拔身体，掌心相对。

康康舞式

目标肌肉： 核心肌。

你能行： 尝试重复练习3~5次。

功效： 加强髋及下背的灵活度，提高骨盆带的稳定性与控制性，雕塑下腹线条。

秘诀： 想象后背被粘贴在稳定的斜面上。

注意： 脊椎有问题、腰腹及下背肌力较弱、髂骶有伤的朋友不适合这一练习。手腕有问题的朋友可以用双肘及小臂支撑来代替手腕支撑，练习中如果感觉腰背有任何不适应，请停止练习。本动作可作为T挑战、髋画圆圈等动作的热身及冷身动作。

1 直膝坐位，保持脊椎自然曲度伸展状态后倾，双手指尖指向双脚方向，置于臀后一个半至两个手掌的距离，放松颈肩，稍屈肘，支撑地面帮助身体保持稳定。

2 吸气，屈双膝，双脚贴地后滑，至双脚绷直，脚尖触地。这是本动作的起始动作。

3 呼气，转头向右，将双膝优雅地向左侧放落。吸气，伸展腰背，保持稳定，如果在这一步骤出现了下背曲度改变，请停留此处，不可继续。

起始动作为坐姿

4 呼气,收腹肌、背肌,伸直双膝,向左斜上方踢出。

5 吸气,屈双膝,转头,旋髋回起始动作。反方向练习。重复动作3~5次。在上一练习中加入每次回起始位置后向上方伸双膝,踢出双腿,身体成"V"形这一动作即可。

身体成"V"形。

做不到时这样做

1 直膝坐位,保持脊柱自然曲度伸展状态后倾,双手指尖指向双脚方向,置于臀后一个半至两个手掌的距离,放松颈肩,稍屈肘,支撑地面帮助身体保持稳定。

2 吸气,屈双膝,双脚贴地后滑,至双脚绷直,脚尖触地。这是本动作的起始动作。

3 呼气,转头向左,将双膝优雅地向右侧放落。吸气,伸展腰背,保持稳定,充分感受身体的伸展。

4 呼气,头部转向右侧,双膝优雅地向左侧放落。吸气,伸展腰背,体会身体感觉。

5 呼气,转头,转膝回到起始动作。吸气,伸展腰背,稳定身体。

6 呼气,向上伸直双腿,身体成"V"形。吸气,保持动作。呼气,屈双膝,回到起始动作。

提高难度这样做

在各种康康舞式的高级动作变体中,改变的基本只是双臂的位置。比如将双臂置于双耳侧,双手十指交叉,掌心向上高举过头(见图①、图②),但是这样做对于核心肌力较弱的朋友来说极易引发运动损伤,所以不推荐练习。

髋画圆圈

目标肌肉： 核心肌。

你能行： 尝试重复练习3~5次。

功效： 提高髋关节控制力，增强身体的协调力与平衡性，塑造下腹线条。

秘诀： 想象双腿是一支画笔，正在墙上画一个完美的圆圈，躯干被固定在了舒适斜面上。

注意： 脊椎有问题者，腰、腹及下背肌力较弱者，髂骶有伤的朋友不适合这一练习。手腕有问题的朋友可以用双肘及小臂支撑来代替手腕。练习中如果不能保持躯干稳定或感觉腰背有任何不适，应停止练习。

1 屈膝坐位，双手捉握双大腿后，骨盆脊椎中立位，全脚掌着地，膝关节呈90°。脊柱保持中立位伸展延长的状态下向后倾身体，直至找到身体的平衡。

2 双手打开，置于臀后约一个半到两个手掌距离，指尖指向双脚方向。双脚贴地向前至双腿伸直，绷直双脚尖。稍屈肘，帮助腹肌、背肌用力，保持脊背自然曲度伸展。动作中双臂的支撑只是辅助，尽量保持打开胸肩，放松头颈。

3 呼气时，在保持躯干稳定的状态下抬起并拢的双腿，至双腿与躯干呈"V"形。这是本动作的起始动作。吸气，稳定身体。

起始动作为坐姿

4 呼气,保持身体稳定,双腿顺时针画圈。吸气时画圈动作完成,身体处于起始位置。

5 双腿逆时针画圈。

做不到时这样做

腿部姿态改为一条腿屈膝,一条腿向上的半"V"形,只用伸直一侧腿画圈,其他动作同前面一致。

也可前臂支撑练习。

提高难度这样做

双手位置改为抬起置于头部两侧,掌心相对,肩髋保持稳定的斜直线,其他所有动作同前面一致。

肩画圆圈

目标肌肉： 肩袖肌群。

你能行： 尝试重复练习3~5次。

功效： 稳定肩带，灵活肩关节，强化身体动态过程中的平衡性、控制力与稳定性，同时锻炼核心肌肌力。

秘诀： 用双臂在体前画一个椭圆形。

注意： 肩颈有问题的朋友慎重练习。练习过程中保持颈部的伸展，身体的稳定。如果练习中出现脊椎的任何不适，请停止练习。

1 屈膝坐位，双手捉握双大腿后，骨盆脊椎中立位，全脚掌着地，膝关节呈90°。脊柱保持中立位伸展延长的状态下向后倾身体，直至找到身体的平衡。

2 双臂置于双耳侧，掌心相对高举过头。

3 保持躯干稳定，双臂顺时针画椭圆形，然后逆时针画椭圆形。

肩髋画圆

目标肌肉：肩袖肌群、核心肌群。
你能行：尝试重复练习3~5次。
功效：全面提升身体的控制能力、协调性、平衡性与稳定性。
秘诀：双臂和双腿像两架反向旋转的风车。
注意：练习时间较短、肩颈及脊椎有问题、骨质疏松、眩晕症的朋友请不要练习。初次尝试时要有专业教练跟随。

1 身体呈"V"形坐姿，双臂掌心相对举过头，保持颈部伸展。

2 保持躯干稳定，双肩和双髋同时一个顺时针，一个逆时针画圈。

3 重复练习3~5次后，肩、髋交换方向练习3~5次。

美人鱼

目标肌肉： 髋内旋肌、髋外旋肌、腹斜肌、腰方肌、竖脊肌。

你能行： 尝试重复练习3~5次。

功效： 提高髋关节灵活性，增强下背肌力，促进核心稳定性，塑造体侧线条。

秘诀： 感觉像风中的修竹摆动，体会竹的挺拔和坚韧。

注意： 如果膝关节有任何不适，可以用彩虹（见第150页）替代练习。如果练习"提高难度这样做"，髋、臀、腰有任何不适，请暂停练习，退回"做不到时这样做"。

1 坐姿，屈双膝（见图①），左髋外旋，左大腿外侧触地，左脚跟稍收向会阴（见图②），右髋内旋，右大腿内侧触地，右脚跟收向右臀外侧，双脚绷起，双臂体侧打开，自然支撑地（见图③）。骨盆脊椎中立位。

2 接下来的动作中，两坐骨始终均匀承担身体重量。感觉头顶引领脊椎向正上方拉伸，同时坐骨向下按压地面。

3 吸气，双肩水平外展，掌心向下侧平举，双肩舒展，感觉双肩臂向两侧无限地延伸。

4 呼气，保持骨盆中立位，双肩臂在一条直线上，躯干向左侧屈，尽量使左手指触地，眼睛看右臂方向。

5 吸气，翻转上方右肩臂，至掌心向上，右上臂尽量压向右耳侧。

6 呼气屈左肘，随身体侧屈幅度的增大，左下臂渐渐向地面沉落，同时想象有一根吊索提拉住左肋下，将你的腰部向上提起。在伸展的过程中，要注意右侧坐骨向下压，固定住，保持骨盆中立。

7 吸气，保持姿势。呼气，腰肌、腹肌、背肌发力，带动躯干向上，同时打开双臂，回起始位置。

8 呼气，保持骨盆中立位，身体右侧弯屈，右手扶按右膝，左肩臂翻转，自上向右，拉伸每一节脊椎。注意一侧动作结束后交换双腿位置，重复练习。

做不到时这样做

1 屈双膝，双踝交叉，双髋外旋，简单盘坐，双手自然置于髋侧，骨盆脊椎中立位。接下来的动作中，两坐骨始终均匀承担身体重量。感觉头顶引领脊椎向正上方拉伸，同时坐骨向下按压地面。

2 吸气，双肩水平外展，掌心向下侧平举，双肩舒展，感觉双肩臂向两侧无限地延伸。

3 呼气，保持骨盆中立位，双肩臂在一条直线上，躯干向左侧屈，尽量使左手指触地，眼睛看向右臂方向。

4 吸气，翻转上方右肩臂，至掌心向右，右上臂尽量压向右耳侧。

5 呼气，屈左肘，随身体侧屈幅度地增大，左下臂渐渐向地面沉落，同时想象有一根吊索提拉住左肋下，将你的腰部向上提起。在伸展的过程中，要注意右侧坐骨向下压，固定住，保持骨盆中立位。吸气，保持姿势（见图①）。

6 呼气，腰肌、腹肌、背肌发力，带动躯干向上，同时打开双臂，回起始位置。吸气，感觉头顶引领脊椎向正上方拉伸，同时坐骨向下按压地面，双肩水平外展，掌心向下侧平举，双肩舒展，感觉双肩臂向两侧无限地延伸。

7 呼气，交换体位练习。身体再次回到起始动作。

8 呼气，肚脐带动身体向左侧转，右手掌心向下放于左膝上，左手指尖向后置于臀后，眼睛看向左肩后方，保持脊柱在自然曲度下同地面垂直伸展（见图②）。

9 吸气，保持姿势，呼气，加强扭转。注意转动位置为胸腰位，扭转的过程中，两侧坐骨始终均匀着力，按压地面。

10 吸气，身体转回到起始位置。呼气，交换体位练习。然后交换盘坐时交叉的双踝位置，重复动作。

提高难度这样做

1 坐姿，屈双膝，双髋向左旋，绷脚，保持骨盆、脊椎中立位的前提下将双脚尽量拉向右臀侧。右手置于右髋侧，抓握右脚拉向身体，左手指自然支撑于左髋侧。

2 吸气，感觉头顶引领脊椎向正上方拉伸，同时坐骨向下按压地面，左臂自体侧向上，顺势翻转肩臂，使左掌心向右，手臂高举过头，舒缓双肩，感觉躯干向上的提拔帮助左臂的伸展。

3 呼气，保持骨盆中立位，身体向右侧屈，眼睛看向左斜上方。稍屈右肘，右手帮助双脚稳定在原位，拉伸每节脊椎，感觉左侧胸肋也得到伸展。吸气，保持姿势。

4 呼气，腰肌、腹肌、背肌发力，带动躯干向上，同时自体侧放落左臂，回起始位置。

5 吸气，右臂自体侧向上，靠腰、腹、背自身的肌力稳定身体，保持骨盆脊椎中立位，体会脊椎的延伸感。

6 呼气，保持骨盆中立位，身体左侧屈，稍屈左肘，拉伸每节脊椎，感觉右侧胸肋也得到伸展。吸气，保持姿势。

7 呼气，腰肌、腹肌、背肌发力，带动躯干向上，同时自体侧放落右臂，回起始位置。

8 后面动作同"做不到时这样做"描述一致。注意一侧动作结束后交换双腿位置，重复练习。

起始动作为侧卧

▲ **侧提**，第184页

▲ **侧屈**，第186页

▲ **侧踢**，第188页

▲ **侧提侧屈**，第190页

▲ **单腿侧提**，第192页

▲ **侧画小圈**，第193页

▲ **障碍练习**，第194页

▲ **侧卧巴特曼**，第196页

▲ **脚跟触碰**，第198页

▲ **侧卧下方腿抬起**，第200页

▲ **侧卧下方腿画圈**，第202页

▲ **侧卧上方腿画圈**，第203页

起始动作为侧卧

▲ 星光，第204页

▲ 侧画大圈，第206页

▲ 侧剪刀式，第208页

▲ 侧踏单车，第210页

▲ 四方伸展，第212页

▲ 蚌式预备式，第213页

▲ 基础蚌式，第214页

▲ 单腿蚌式，第216页

▲ 蚌式，第218页

▲ 攀登式，第220页

▲ 侧弯，第222页

▲ 侧弯扭转，第226页

侧提

目标肌肉： 腹肌。

你能行： 尝试重复练习3~5次。

功效： 提高身体的平衡与控制能力，增加躯干稳定性，塑造腰腹线条。

秘诀： 想象自己侧躺在支架上，最大限度地伸长颈、躯干、腰、髋以及双腿。

注意： 腰椎间盘突出的朋友不要做这个练习。练习中如果腰部出现不适请暂时放弃这一练习。练习垫应舒适，不会使下方髂骨处产生压痛。

1 侧卧，下面手托头部，肩、髋、脚跟在一条直线上，鼻尖、肚脐、耻骨指向正前方。上方手置于腰腹前，帮助身体稳定支撑。双脚内缘并拢，脚背对向正前方。

2 屈双髋，双腿向身体前方移动约10厘米，使双腿同起始位置呈20°~30°。吸气，准备动作。

起始动作为侧卧　185

3 呼气，感觉双腿无限延长，同时保持双腿双脚并拢，将双腿提离地面至能做到的最高位。

4 吸气的同时，双腿下落至距地面约2厘米时停下。呼气时再次抬离。重复动作3~5次。

5 交换体位练习。

提高难度这样做

难度更高这样做

只是将支撑于体前的手臂自然伸展置于体侧，或双手合十置于头上方，其他动作过程同前面一致。如果身体允许，还可以这样做。

侧卧，下方的手臂掌心向下置于同侧耳下，同身体呈一条直线，保持伸展（可将一条毛巾卷起垫于耳下与手臂之间）。后脑枕骨、肩胛、臀及脚跟在一条直线上。上方手臂屈肘，手置于胸前，帮助支撑稳定。双腿伸直，双脚内缘并拢，绷直脚尖，脚背对向正前方。以这样的姿势完成动作。

前臂撑侧提：同"提高难度这样做"起始位置相同，然后将下方前臂支撑在地面上，稳定肩带、肘。想象一根吊索将腰部向上提，直至骨盆与头部之间形成一条斜直线，稳定骨盆带，抬上腿至与臀等高，其他同动作3、动作4。

肘撑侧提：同"提高难度这样做"起始位置相同，将下方臂屈起，肘关节支撑地面，掌心向前，手放耳侧。体前的手臂向上举起，然后屈肘，掌心向前，手放耳侧，两肘尖成一条直线。其他同动作3、动作4。

侧屈

目标肌肉： 腹肌、背肌。

你能行： 尝试重复练习3~5次。

功效： 促进躯干稳定，塑造体侧线条。

秘诀： 想象双腿沉入地下，上半身好像弹起的翘板。

注意： 练习中如出现腰背不适请停止练习。练习垫应舒适，不会使下方髂骨处产生压痛。

1. 侧卧，下方的手臂掌心向下置于同侧耳下，同身体呈一条直线，保持伸展（可将一条毛巾卷起垫于耳下与手臂之间）。后脑枕骨、肩胛、臀及脚跟在一条直线上。上方手臂屈肘，手置于胸前，帮助支撑稳定。双腿伸直，双脚内缘并拢，绷直脚尖，脚背对向正前方。

2. 吸气，感觉身体向头与脚尖两个方向无限延伸。

3. 呼气，屈双髋，双腿向身体前方移动约10厘米，使双腿同起始位置呈20°~30°。吸气，准备动作。

4 呼气，收腹肌、背肌，双髋、双腿下沉，下方臂翻转掌心向上，保持手臂贴耳向上伸展的状态，向上抬起上半身，确保肚脐指向前方，双肩舒展。

5 吸气，放落抬起的身体。

6 呼气再次抬高。重复动作3~5次。交换体位练习。

提高难度这样做

只是将支撑于体前的手臂自然伸展置于体侧。其他动作过程同前面体位一致。

如果身体许可，还可以这样做：将下方前臂屈起，肘关节支撑地面，掌心向前，手放于耳侧。体前的手臂向上举起，然后屈肘，掌心向前，手放于耳侧，两肘尖呈一条直线（见图①），也可以双手于头上合十（见图②）。其他动作与前面相同。

⚠ 始终保持双腿同身体呈一条直线会加大动作的难度，同时也会加大腰背受伤的概率，身体状态许可或有教练帮助的朋友可酌情选择。

家庭辅助练习。

侧踢

目标肌肉： 核心肌。

你能行： 尝试重复练习3~5次。

功效： 有效提升身体的侧向稳定性、平衡性与控制力，塑造腹部及大腿线条。

秘诀： 想象在肩、髋之间放着一杯水，注意动作时不要让这杯水洒出来。

注意： 侧踢难易程度的调整由手臂位置的变化来完成。颈肩有问题的朋友可选择在臂与头之间垫放软垫的屈髋侧卧位来完成，不提倡尝试其他姿势。髋关节有问题的朋友请遵医嘱，或酌情减少动作次数和幅度。如果练习中腰背有任何不适，请停止练习。练习垫应舒适，不使下方髂骨处产生压痛。

1 侧卧，下方手托头部，肩、髋、脚跟在一条直线上，鼻尖、肚脐、耻骨指向正前方。上方手置腰腹前，帮助身体稳定支撑。双脚内缘并拢，脚背对向正前方。

2 屈双髋，双腿向身体前方移动约10厘米，使双腿同起始位置呈20°~30°。

3 稍展髋至双膝间一横拳宽，相当于腿外侧与臀等高。这是本动作的起始动作。

4 叩击式呼吸。呼气，上方腿勾脚，直膝前踢，微动2次。

5 吸气，绷脚，直膝后踢，微动2次。

6 重复动作3~5次。交换体位练习。

侧提侧屈

目标肌肉： 核心肌及体侧大部分肌肉。

你能行： 尝试重复练习3~5次。

功效： 全面提高身体稳定性、平衡性与控制力，加强肌力及肌耐力，雕塑体侧及腰腹线条。

秘诀： 身体像一只两头翘起的小船。

注意： 脊柱及肩部有问题的朋友慎重练习。髋关节有问题的朋友请遵医嘱或酌情减少动作次数和幅度。如果练习中腰背有任何不适，请停止练习。练习垫应舒适，不使下方髂骨处产生压痛。

1 侧卧，下方臂掌心向下置于同侧耳下，同身体呈一条直线，保持伸展（可将一条毛巾卷起垫于耳下与手臂之间）。后脑枕骨、肩胛、臀及脚跟在一条直线上。上方手臂屈肘，手置于胸前，帮助支撑稳定。双腿伸直，双脚内缘并拢，绷直脚尖，脚背对向正前方。

2 吸气，感觉身体向头与脚尖两个方向无限延伸。

3 呼气，屈双髋，双腿向身体前方移动约10厘米，使双腿同起始位置呈20°~30°。

4 下方臂翻转掌心向上，举起贴放于耳侧，尽量打开肩，使上方臂的肘尖指向天花板。

5 呼气，稳定身体，感觉双腿无限地延长，同时保持双腿双脚并拢，将双腿提离地面至能做到的最高位，同时向上抬起上半身，确保肚脐指向前方，双肩舒展，体会体侧的肌肉收缩，不要将上半身抬起的力完全压给下方臂。

6 吸气，放落双腿及上半身。重复动作3~5次。交换体位练习。

提高难度这样做

除臂支撑改为肘支撑外（也就是下方手臂前臂屈起，肘关节支撑地面，掌心向前，手放耳侧），其他动作同前面完全一致。也可双手于头上方合十完成动作。

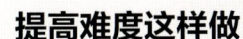 始终保持双腿同身体呈一条直线会加大动作的难度，同时也会加大腰背受伤的概率，身体状态许可或有教练帮助的朋友可酌情选择。

单腿侧提

目标肌肉： 臀肌、阔筋膜张肌。

你能行： 尝试重复练习5次。

功效： 提高骨盆稳定性，改善髋关节循环，塑造臀及腿部线条。

秘诀： 想象美丽的鸟优雅振翅。

注意： 梨状肌综合征、坐骨神经有问题或其他髋关节疾病者请慎重练习。练习中如出现腰背不适，请随时停止。动作中，请确保大腿前侧向前。

1. 侧卧，下方手托头部，肩、髋、脚跟在一条直线上，鼻尖、肚脐、耻骨指向正前方。

2. 上方手置于腰腹前，帮助身体稳定支撑。双脚内缘并拢，脚背对向正前方。

3. 屈双髋，双腿向身体前方移动约10厘米，使双腿同起始位置呈20°~30°。吸气，感觉身体向头与脚尖两个方向无限延伸。

4. 呼气，在身体保持稳定的前提下，上方腿抬起，勾脚，尽量外展。

5. 吸气，在身体保持稳定的前提下，绷脚，保持着腿部的延长感，放落。重复练习5次。交换体位练习。

提高难度这样做

除了将支撑在体前的手臂上举，屈肘，掌心向前置于耳侧，其他动作同前面一致。如果身体许可，还可以肘撑、前臂撑、基本侧卧姿势练习这个动作。

⚠ 始终保持双腿同身体呈一条直线会加大动作的难度，也会加大腰背受伤的概率，身体状态许可或有教练帮助的朋友可酌情选择。

侧画小圈

目标肌肉： 臀肌、腹肌、背肌。
你能行： 尝试重复练习5~10次。
功效： 提高身体稳定性，增强骨盆控制力，增进髋关节循环，塑造臀、腿及腰腹线条。
秘诀： 想象正在钻透墙壁的钻头。
注意： 练习中如出现腰背不适，请立即停止练习。

1 侧卧，下方手托头部，肩、髋、脚跟在一条直线上，鼻尖、肚脐、耻骨指向正前方。上方手置于腰腹前，帮助身体稳定支撑。双脚内缘并拢，脚背对向正前方。

2 屈双髋，双腿向身体前方移动约10厘米，使双腿同起始位置呈20°~30°。吸气，感觉身体向头与脚尖两个方向无限延伸。

3 呼气时，抬上方腿与臀等高，绷直脚尖，大腿根带动向前画小圈，保持骨盆及整个躯干稳定。重复动作5~10次。

4 向后画小圈。重复动作5~10次。交换体位练习。

⚠ 如果身体许可，还可以用肘撑、前臂撑、基本侧卧姿势练习这个动作。始终保持双腿同身体呈一条直线会加大动作的难度，也会加大腰背受伤的概率，身体状态许可或有教练帮助的朋友可酌情选择。

障碍练习

目标肌肉： 臀肌。

你能行： 尝试重复练习5次。

功效： 提高髋关节灵活性及控制力，塑造臀部线条。

秘诀： 想象将一只滚烫的土豆在双手间倒来倒去的样子。

注意： 梨状肌综合征、坐骨神经有问题者或其他髋关节疾患者请慎重练习。练习中如出现腰背不适，请随时停止。

1. 侧卧，下方手托头部，肩、髋、脚跟在一条直线上，鼻尖、肚脐、耻骨指向正前方。上方手置于腰腹前，帮助身体稳定支撑。双脚内缘并拢，脚背对向正前方。

2. 屈双髋，双腿向身体前方移动约10厘米，使双腿同起始位置呈20°~30°。吸气，感觉身体向头与脚尖两个方向无限延伸。

3. 呼气，抬上方腿与臀部等高。

4 叩击式呼吸，保持骨盆及躯干稳定，绷直上方脚尖，上方髋内旋，尽量使脚跟向天花板，脚尖轻轻击打下方脚前方地面2次后，越过下方脚，脚尖轻轻击打下方脚后方地面2次。

5 重复动作5次。回起始动作。再次呼气时，抬上方腿与臀部等高。

6 叩击式呼吸，保持骨盆及躯干稳定，勾起上方脚，上方髋外旋，尽量使脚尖向天花板，脚跟轻轻击打下方脚前方地面2次后，越过下方脚，脚跟轻轻地击打下方脚后方地面2次。

7 重复动作5次。交换体位练习。

⚠ 如果身体许可，还可以用肘撑、前臂撑、基础侧卧姿势练习这个动作。始终保持双腿同身体呈一条直线会加大动作的难度，同时也会加大腰背受伤的概率，身体状态许可或有教练帮助的朋友可酌情选择。

侧卧巴特曼

目标肌肉： 臀肌、阔筋膜张肌。

你能行： 尝试重复练习5次。

功效： 提高髋关节灵活性、腿部柔韧性，塑造臀及腿部线条。

秘诀： 想象芭蕾舞者优雅地抬起腿。

注意： 梨状肌综合征、坐骨神经有问题者或其他髋关节疾患者请慎重练习。练习中如出现腰背不适，请随时停止。

1 侧卧，下方手托头部，肩、髋、脚跟在一条直线上，鼻尖、肚脐、耻骨指向正前方。上方手置于腰腹前，帮助身体稳定支撑。双脚内缘并拢，脚背对向正前方。

2 屈双髋，双腿向身体前方移动约10厘米，使双腿同起始位置呈20°~30°。吸气，感觉身体向头与脚尖两个方向无限延伸。

3 呼气，上方髋外旋，勾脚，脚跟轻触下方脚前方地面，然后吸气绷脚直膝抬腿至最高位。

4 呼气，有控制地放落上方腿，双脚并拢。吸气，感觉身体向头与脚尖两个方向无限延伸。

5 呼气，上方髋外旋，勾脚，脚跟轻触下方脚后方地面，然后吸气绷脚直膝抬腿至最高位。

6 呼气，有控制地放落上方腿，双腿并拢。重复动作5次。交换体位练习。

⚠ 如果身体许可，还可以用前臂撑、基础侧卧姿势练习这个动作。始终保持双腿同身体呈一条直线会加大动作的难度，同时也会加大腰背受伤的概率，身体状态许可或有教练帮助的朋友可酌情选择。

脚跟触碰

目标肌肉： 髋内收肌、腹肌、背肌。

你能行： 尝试重复练习3~5次。

功效： 提高骨盆稳定性，强化腿部力量，收紧大腿内侧。

秘诀： 想象向上攀登，双脚站在一级台阶上，再站在更高一级的台阶上。

注意： 如果练习中出现腰背不适，请立即停止练习。

1 侧卧，下方手托头部，肩、髋、脚跟在一条直线上，鼻尖、肚脐、耻骨指向正前方。上方手置于腰腹前，帮助身体稳定支撑。双脚内缘并拢，脚背对向正前方。

2 屈双髋，双腿向身体前方移动约10厘米，使双腿同起始位置呈20°~30°。吸气，感觉身体向头与脚尖两个方向无限延伸。

3 抬起上方腿与臀等高，绷直脚尖，脚背指向前。

4 抬起下方腿，绷直脚尖，脚背指向前，让下方的脚跟去靠拢上面的脚跟。

5 上方腿保持状态再抬高约20厘米。

6 下方腿继续向上，下方的脚跟再次去靠拢上方的脚跟。

7 上方的腿持续抬高至能保持状态的最高点。下方的腿尽量跟随向上，下方的脚跟尽量去靠拢上方的脚跟。

8 放落双腿。重复动作3~5次。交换体位练习。

⚠ 如果身体许可，还可以用前臂撑、基础侧卧姿势练习这个动作。始终保持双腿同身体呈一条直线会加大动作的难度，同时也会加大腰背受伤的概率，身体状态许可或有教练帮助的朋友可酌情选择。

侧卧下方腿抬起

目标肌肉： 髋内收肌、臀肌。

你能行： 尝试重复练习3~5次。

功效： 提升腿部力量，收紧大腿内侧，塑造大腿线条，提升髋关节活动能力。

秘诀： 想象自下而上敲钉子的动作。

注意： 髋关节有问题的朋友请慎重练习。第二部分练习中如出现臀及髋关节不适，可不予练习。练习中如出现腰背不适，请立即停止。

1 侧卧，下方手托头部，肩、髋、脚跟在一条直线上，鼻尖、肚脐、耻骨指向正前方。上方手置于腰腹前，帮助身体稳定支撑。双脚内缘并拢，脚背对向正前方。

2 屈双髋，双腿向身体前方移动约10厘米，使双腿同起始位置呈20°~30°。吸气，感觉身体向头与脚尖两个方向无限延伸。

3 呼气，上方腿屈膝，髋外旋，上方手自内侧捉握上方脚踝，拉向身体，脚尖同膝盖指向前方，置于体前地面，这是本动作的起始动作。

4 吸气，保持身体稳定，下方髋内收，带动下方腿向上提起。

5 呼气时有控制地下落,至小腿悬于地面。重复动作3~5次,回到起始动作。

6 再次吸气时保持身体稳定,下方髋外旋,使脚跟尽量指向天花板,注意膝盖正对脚尖。

7 呼气时向上提起下方腿,尽量抬高。保持脚跟指向天花板。

8 吸气时有控制地放落,至下方脚尖悬于地面。重复动作3~5次。

9 交换体位练习。

⚠ 如果身体许可,还可以用前臂撑、基础侧卧姿势练习这个动作。始终保持双腿同身体呈一条直线会加大动作的难度,同时也会加大腰背受伤的概率,身体状态许可或有教练帮助的朋友可酌情选择。

侧卧下方腿画圈

目标肌肉： 髋内收肌。

你能行： 尝试重复练习3~5次。

功效： 全面增强腿部力量，提高身体稳定性，塑造大腿线条。

秘诀： 想象在用腿搅拌面团。

注意： 动作中如出现腰背不适，请停止练习。

1 侧卧，下方手托头部，肩、髋、脚跟在一条直线上，鼻尖、肚脐、耻骨指向正前方。上方手置于腰腹前，帮助身体稳定支撑。双脚内缘并拢，脚背对向正前方。

2 屈双髋，双腿向身体前方移动约10厘米，使双腿同起始位置呈20°~30°。吸气，感觉身体向头与脚尖两个方向无限延伸。

3 呼气，上方腿屈膝，髋外旋，上方手自内侧捉握上方脚踝，拉向身体，脚尖同膝盖指向前方，置于体前地面，这是本动作的起始动作。

4 吸气，保持身体稳定，下方髋内收，带动下方腿向上提起，感觉腿的延长。

5 呼气，提起的腿向前画小圈，动作中核心肌收紧，保持躯干稳定。重复动作3~5次后，反向画小圈，重复动作3~5次。交换体位练习。

侧卧上方腿画圈

目标肌肉： 髋内收肌。

你能行： 尝试重复练习3~5次。

功效： 全面增强腿部力量，提高身体稳定性，塑造大腿线条。

秘诀： 想象在用腿搅拌面团。

注意： 动作中如出现腰背不适，请停止练习。

1 侧卧，下方手托头部，肩、髋、脚跟在一条直线上，鼻尖、肚脐、耻骨指向正前方。

2 上方手置于腰腹前，帮助身体稳定支撑。双脚内缘并拢，脚背对向正前方。屈双髋，双腿向身体前方移动约10厘米，使双腿同起始位置呈20°~30°。吸气，感觉身体向头与脚尖两个方向无限延伸。

3 抬起上方腿与臀等高，绷直脚尖，脚背指向前。保持上方腿的高度，感觉上方腿自髋关节向外向上的延长，上方腿向前画小圈。重复动作3~5次。

4 上方腿向后画小圈。继续重复动作3~5次。

星光

目标肌肉： 腘绳肌、小腿三头肌。

你能行： 尝试重复练习3~5次。

功效： 改善腿部柔韧性。

秘诀： 想象自己的身体是一颗光芒四射的璀璨明星，四肢、躯干如同放射的星光。

注意： 不可勉强身体，避免拉伤。做不到手托脚跟的朋友，手扶同侧大腿内侧，尽量伸直腿就可以了。

1 侧卧，下方手托头部，肩、髋、脚跟在一条直线上，鼻尖、肚脐、耻骨指向正前方。

2 上方手置于腰腹前，帮助身体稳定支撑。双脚内缘并拢，脚背对向正前方。屈双髋，双腿向身体前方移动约10厘米，使双腿同起始位置呈20°~30°。吸气，感觉身体向头与脚尖两个方向无限延伸。

3 呼气，上方腿屈膝，髋外旋，上方手拇指靠近脚跟位置，自腿内侧托举脚掌，向上伸直膝，绷直脚尖。

4 吸气，托举头部的手臂掌心向下，置于耳下向头部上方伸直。

5 自然呼吸，保持动作，感觉头颅、双臂、双腿都沿着伸展的方向不断延长。

6 上方脚勾起，脚跟向上蹬，上方手臂带动腿更加贴近身体。自然呼吸，保持动作。交换体位练习。

⚠ 如果身体许可，还可以直接以侧卧姿势练习这个动作。始终保持双腿同身体呈一条直线会加大动作的难度，同时也会加大腰背受伤的概率，身体状态许可或有教练帮助的朋友可酌情选择。

侧画大圈

目标肌肉：与髋关节相关的各大肌群。

你能行：尝试重复练习3~5次。

功效：增加躯干稳定性，提高髋关节灵活性，改善腿部柔韧性。

秘诀：想象用腿转动一个极大的呼啦圈。

注意：梨状肌综合征、腿部神经卡压、坐骨神经及髋关节有问题的朋友不要练习本动作。如果练习中出现腰背或腹股沟区域不适，请立即停止练习。

1 侧卧，下方手托头部，肩、髋、脚跟在一条直线上，鼻尖、肚脐、耻骨指向正前方。

2 上方手置于腰腹前，帮助身体稳定支撑。双脚内缘并拢，脚背对向正前方。屈双髋，双腿向身体前方移动约10厘米，使双腿同起始位置呈20°~30°。吸气，感觉身体向头与脚尖两个方向无限延伸。

3 呼气，收腹肌、背肌、臀肌，确保身体的稳定。

4 上方腿向前向上摆动，绷直脚，伸直膝，大腿尽量贴向胸腹，然后转髋将腿尽量移向天花板，勾脚，向后转动，腿移到身体后方后，尽量向后伸，然后向前，绷脚，回到双腿并拢位置。重复动作3~5次。

5 反方向画圈。重复动作3~5次。交换体位练习。

⚠️ 如果身体许可，还可以用前臂撑、基础侧卧姿势练习这个动作。始终保持双腿同身体呈一条直线会加大动作的难度，同时也会加大腰背受伤的概率，身体状态许可或有教练帮助的朋友可酌情选择。

降低难度这样做

当上方腿压向耳侧时勾脚，沿体侧有控制放落，这时腿的运动轨迹是一个半圆形，然后反方向画一个半圆，就这样重复练习。

侧剪刀式

目标肌肉： 腹肌、背肌。

你能行： 尝试重复练习5~10次。

功效： 提高身体控制能力、稳定性、平衡性与协调性，塑造腰腹及体侧线条。

秘诀： 想象在冰面快乐地滑动步伐。

注意： 腰背及髋关节有问题的朋友暂缓练习。练习中如出现腰背不适，请立即停止练习。

1 侧卧，下方手托头部，肩、髋、脚跟在一条直线上，鼻尖、肚脐、耻骨指向正前方。

2 上方手置于腰腹前，帮助身体稳定支撑。双脚内缘并拢，脚背对向正前方。

3 屈双髋，双腿向身体前方移动约10厘米，使双腿同起始位置呈20°~30°。吸气，准备开始动作。

4 呼气，感觉双腿无限延长，同时保持双腿双脚并拢，将双腿提离地面至能做到的最高位。

5 保持躯干稳定，双腿伸直，叩击式呼吸，上方腿向前，下方腿向后踢开2次。

6 双腿按分开步骤并拢。

7 下方腿向前,上方腿向后踢开2次。

8 双腿按分开步骤并拢。重复动作5~10次。交换体位练习。

⚠ 如果身体许可,还可以用肘撑、前臂撑、基础侧卧姿势练习这个动作。始终保持双腿同身体呈一条直线会加大动作的难度,同时也会加大腰背受伤的概率,身体状态许可或有教练帮助的朋友可酌情选择。

侧踏单车

目标肌肉： 腹肌、背肌、臀肌、髋伸肌。

你能行： 尝试重复练习3~5次。

功效： 提高躯干稳定性、控制力及平衡性，收腹，美化腿部线条。

秘诀： 想象在踩踏一架很大的自行车或田间的大水车。

注意： 如果髋及躯干无法在动作中保持稳定，请暂时不要开始这个动作。练习中如出现腰背不适，请立即停止练习。

1 侧卧，下方手托头部，肩、髋、脚跟在一条直线上，鼻尖、肚脐、耻骨指向正前方。

2 上方手置于腰腹前，帮助身体稳定支撑。双脚内缘并拢，脚背对向正前方。

3 屈双髋，双腿向身体前方移动约10厘米，使双腿同起始位置呈20°~30°。吸气，准备开始动作。

4 吸气，抬上方腿与骨盆等高，这是本动作的起始动作。呼气时开始连续动作。

5 保持身体稳定，直膝绷脚，上方腿向后伸展。

起始动作为侧卧 211

6 骨盆不动，上方腿屈膝，脚跟拉近臀部。

7 保持躯干稳定的屈膝动作，向前屈髋，至大腿尽量贴近胸部，保持上方腿同骨盆等高的位置。

8 髋关节不要移动，勾脚。

9 向前方伸直腿。

10 保持身体稳定，直膝绷脚，上方腿与骨盆等高，同地面平行，尽量向后伸展。

11 再次屈膝重复向前踩单车的动作。重复动作3~5次。

12 反方向练习向后蹬，也就是在起始动作确保躯干稳定的状态下，上方腿直膝，勾脚，尽量屈髋向前伸直腿，然后屈膝，大腿贴向胸，接着向后尽量伸髋，保持髋关节不动，绷脚直膝，尽量向后伸直腿。然后保持直膝，绷脚，向前屈髋，尽量向前伸直腿，重复动作3~5次。

⚠ 如果身体许可，还可以用前臂撑、基础侧卧姿势练习这个动作。始终保持双腿同身体呈一条直线会加大动作的难度，同时也会加大腰背受伤的概率，身体状态许可或有教练帮助的朋友可酌情选择。

四方伸展

目标肌肉：腹肌、背肌、臀肌、髋伸肌。

你能行：尝试重复练习3~5次。

功效：提高躯干控制力、平衡性与稳定性，伸展大腿前侧。

秘诀：想象向后伸开的腿像缓缓拉开的中国折扇。

注意：如果过程中不能保持身体稳定，请立即停止。如果屈膝向后的姿势让膝部有任何不适，请在膝关节后侧放一块叠起的毛巾；如仍有不适，请停止这一练习。如身体极难稳定，试着屈下方膝。

1 侧卧，下方臂掌心向下置于同侧耳下，同身体呈一条直线，保持伸展（可将一条毛巾卷起垫于耳下与手臂之间）。后脑枕骨、肩胛、臀及脚跟在一条直线上。上方臂屈肘，置于胸前，帮助支撑稳定。双腿伸直，双脚内缘并拢，绷直脚尖，脚背对向正前方。

2 吸气，感觉身体向头与脚尖两个方向无限延伸。

3 呼气，屈双髋，双腿向身体前方移动约10厘米，使双腿同起始位置呈20°~30°。

4 自然呼吸，收腹肌、背肌，肚脐贴向斜上方的脊柱，稳定身体，并保证动作中双肩及双髋始终在一条垂直线上。

5 屈上方膝，上方手握住上方脚踝，收臀肌，上方髋关节向后伸展，同时向后拉动脚踝配合髋伸肌伸展。

6 保持姿势，2~4次呼吸。交换体位练习。

蚌式预备式

目标肌肉：臀肌。
你能行：尝试重复练习5~10次。
功效：锻炼髋外旋肌，塑造臀部线条，提高骨盆稳定性。
秘诀：想象不断张开合拢的蚌壳。
注意：髋关节有问题的朋友请慎重练习。练习中腰背或大腿有任何不适，请立即停止练习。

1. 侧卧，下方手托头部，肩、髋、脚跟在一条直线上，鼻尖、肚脐、耻骨指向正前方。

2. 上方手置于腰腹前，帮助身体稳定支撑。双脚内缘并拢，脚背对向正前方。屈双膝、双髋，膝关节呈90°，现在后脑、肩、髋、双脚掌依然在一条直线上。

3. 继续屈双髋，保持膝关节呈90°，双腿向身体前方移动约10厘米，使双大腿同起始位置呈20°~30°，这是本动作的起始动作。

4. 保持骨盆及双肩的稳定，在起始动作的基础上向上展开上方的髋关节，并将髋在完成外展动作后稍向外旋。

5. 向内旋髋至大腿前侧指向正前方后收上方髋，使上方大腿悬于下方腿上。

6. 动作中始终保持双大腿的延伸感。重复动作5~10次。交换体位练习。

⚠ 如果身体许可，还可以用肘撑、前臂撑、基础侧卧姿势练习这个动作。始终保持后脑、双肩、臀、屈膝后的双脚掌呈一条直线，会加大动作的难度，同时也会增加腰背受伤的概率，身体状态许可或有教练帮助的朋友可酌情选择。

基础蚌式

目标肌肉： 臀肌。

你能行： 尝试重复练习5~10次。

功效： 锻炼髋外旋肌，塑造臀部线条，提高骨盆稳定性。

秘诀： 想象不断开合的蚌壳。

注意： 髋关节有问题的朋友请慎重练习。练习中腰背或大腿、膝盖有任何不适，请立即停止练习。

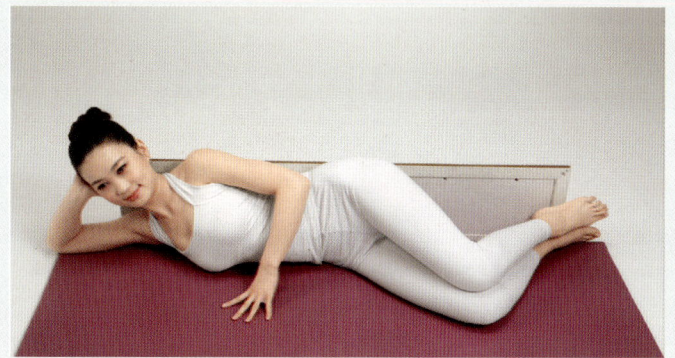

1 侧卧，下方手托头部，肩、髋、脚跟在一条直线上，鼻尖、肚脐、耻骨指向正前方。

2 上方手置于腰腹前，帮助身体稳定支撑。双脚内缘并拢，脚背对向正前方。

3 屈双膝、双髋，膝关节呈90°，现在后脑、肩、髋、双脚掌依然在一条直线上。

4 继续屈双髋，保持膝关节呈90°，双腿向身体前方移动约10厘米，使双大腿同起始位置呈20°~30°。这是本动作的起始动作。

5 保持膝关节、骨盆及肩带的稳定，在双脚内侧始终靠拢的情况下向外旋上方髋关节，尽量使双膝间分开最大距离。

6 有控制地收上方髋，至上方膝内侧悬于下方膝上。重复动作5~10次。交换体位练习。

⚠ 如果身体许可，还可以用肘撑、前臂撑、侧卧姿势练习这个动作。始终保持后脑、双肩、臀、屈膝后的双脚掌呈一条直线，会加大动作的难度，同时也会增加腰背受伤的概率，身体状态许可或有教练帮助的朋友可酌情选择。

单腿蚌式

目标肌肉： 臀肌。

你能行： 尝试重复练习5次。

功效： 锻炼髋外旋肌，塑造臀部线条，提高骨盆稳定性。

秘诀： 想象张开贝壳向天喷水柱的蚌。

注意： 髋关节有问题的朋友请慎重练习。练习中腰背或大腿、膝盖有任何不适，请立即停止练习。

1 侧卧，下方手托头部，肩、髋、脚跟在一条直线上，鼻尖、肚脐、耻骨指向正前方。

2 上方手置于腰腹前，帮助身体稳定支撑。双脚内缘并拢，脚背对向正前方。

3 屈双髋，双腿向身体前方移动约10厘米，使双腿同起始位置呈20°~30°。

4 双髋外旋，至双脚跟靠拢而双脚尖分开，下方脚趾尽量指向地面，上方脚趾尽量指向天花板，感觉双腿的延长。这是本动作的起始动作。

起始动作为侧卧

5 上方腿屈膝，脚掌贴下方腿内后侧尽量上行，然后上方髋再次外旋至膝盖指向天花板，脚尖点下方腿。

6 收腹肌、背肌、臀肌，保证肚脐始终指向正前方，骨盆及双肩稳定，打开上方膝关节，伸直腿，绷脚，脚尖指向天花板，带领腿部向上提升。

7 屈膝，脚掌贴下方腿内后侧下行，回起始动作。重复动作5次。交换体位练习。

⚠ 如果身体许可，还可以用肘撑、前臂撑、侧卧姿势练习这个动作。始终保持双腿同身体呈一条直线会加大动作的难度，同时也会加大腰背受伤的概率，身体状态许可或有教练帮助的朋友可酌情选择。

蚌式

目标肌肉：臀肌

你能行：尝试重复练习5次。

功效：锻炼髋外旋肌，塑造臀部线条，提高骨盆及躯干稳定性、控制力及平衡性。

秘诀：想象打开贝壳向天喷水柱的蚌。

注意：髋关节有问题的朋友请慎重练习，练习中腰背或大腿、膝盖有任何不适，请立即停止练习。

1. 侧卧，下方手托头部，肩、髋、脚跟在一条直线上，鼻尖、肚脐、耻骨指向正前方。

2. 上方手置于腰腹前，帮助身体稳定支撑。双脚内缘并拢，脚背对向正前方。

3. 屈双膝、双髋，膝关节呈90°，至此在后脑、肩、髋、双脚掌依然在一条直线上。

4. 继续屈双髋，保持膝关节呈90°，双腿向身体前方移动约10厘米，使双大腿同起始位置成呈20°~30°。这是本动作的起始动作。

5. 保持躯干稳定，将双小腿并拢，旋髋向上抬起双小腿，同地面呈60°。

6. 在双脚内侧始终靠拢的情况下，向外旋上方髋关节，尽量使双膝间分开最大距离。

7. 有控制地收上方髋，至上方膝内侧悬于下方膝上。重复动作5次。

起始动作为侧卧

8 在双脚内侧始终靠拢的情况下，向外旋上方髋关节，尽量使双膝间分开最大距离。

9 保持这一姿态，稳定身体，绷脚，伸直上方腿。

10 屈上方膝，回到双脚内侧靠拢，双膝间分开最大距离的姿态。有控制地收上方髋，至上方膝内侧悬于下方膝上。

11 重复动作5次。保持躯干稳定，将双小腿并拢，旋髋向上抬起双小腿，同地面呈60°。重复动作6~9次，最后交换体位练习。

⚠ 如果身体许可，还可以用前臂撑、基础侧卧姿势练习这个动作。始终保持后脑、双肩、臀、屈膝后的双脚掌同身体呈一条直线会加大动作的难度，同时也会加大腰背受伤的概率，身体状态许可或有教练帮助的朋友可酌情选择。

攀登式

目标肌肉：髋内旋肌。

你能行：尝试重复练习5次。

功效：锻炼髋内旋肌，塑造臀部线条，提高骨盆及躯干稳定性、控制力及平衡性。

秘诀：想象向斜后方蹬踏，借势向上攀登的攀岩者。

注意：髋关节有问题的朋友请慎重练习。练习中腰背或大腿、膝盖有任何不适，请立即停止练习。

1 侧卧，下方手托头部，肩、髋、脚跟在一条直线上，鼻尖、肚脐、耻骨指向正前方。

2 上方手置于腰腹前，帮助身体稳定支撑。双脚内缘并拢，脚背对向正前方。

3 屈双膝、双髋，膝关节呈90°，后脑、肩、髋、双脚掌依然在一条直线上。

4 继续屈双髋，保持膝关节呈90°，双腿向身体前方移动约10厘米，使双大腿同起始位置呈20°~30°。这是本动作的起始动作。

5 保持躯干稳定，双膝并拢，上方腿向内旋髋带动上方小腿向上抬起，同下方腿呈60°。

6 保持这一姿态，稳定身体，勾脚，伸直上方膝。

⚠ 如果身体许可，还可以前臂撑、侧卧姿势练习这个动作。始终保持后脑、双肩、臀、屈膝后的双脚掌同身体呈一条直线，会加大动作的难度，同时也会加大腰背受伤的概率，身体状态许可或有教练帮助的朋友可酌情选择。

7 屈上方膝，回到双膝并拢，上方腿与下方腿呈60°的姿态。旋髋收回小腿，至上方小腿悬于下方小腿上。重复动作5次。交换体位练习。

也可以这样练（蚁式）。

侧弯

目标肌肉：腹斜肌。

你能行：尝试重复练习3次。

功效：增强腹肌、背肌力量及柔韧性，强化肩带稳定性，身体的侧向稳定性、平衡性及控制力。

秘诀：想象侧腰被拉向天花板。

注意：练习中如出现腰背任何不适，请停止练习。注意腹肌的参与，及腹斜肌带来的延伸感。避免肋骨向前或抬起，肩带要稳定。腕关节及腱鞘有问题的朋友在这个练习中应始终以前臂支撑身体。

1. 右臀着地，身体侧坐，右手指尖向右，贴地滑出至掌根距身体一个半至两个手掌的距离（腕或掌有问题的朋友请一定用右前臂撑地）。

2. 双膝微屈，左脚置于右脚前，稍旋左髋，左脚全脚掌着地，小脚趾侧贴靠右脚背，右脚跟同臀部保持在一条直线上，肚脐向前。

3. 外旋左肩，左手掌心向上，左臂自左膝后向脚尖方向伸展，微屈左肘，感觉左臂拉伸离开左肩。

4. 呼气，收紧腹肌、背肌、臀肌，感觉肚脐贴向斜上方的脊柱。这是本动作的起始动作。

5. 吸气，准备开始动作。

6 呼气，右手掌、左脚全脚掌同时撑地，右侧腰腹发力向上提起身体，同时将左臂向上提起，掌心向前，至双肩臂在一条直线上，身体看起来像是一个斜放在地上的字母"T"，感觉有绳索拉着腰部向上提。

7 吸气，保持动作。

8 再次呼气时试着使髋再抬高些，眼睛看向左手方向。吸气，身体有控制地落下，回到起始位置。呼气时马上抬起。重复动作3次。

9 交换体位练习。

做不到时这样做

1 侧卧，右手托头部，肩、髋、脚跟在一条直线上，鼻尖、肚脐、耻骨指向正前方。左手置于腰腹前，帮助身体稳定支撑。双脚内缘并拢，脚背对向正前方。

2 将托举头部的手臂前臂置于垫上，掌心向下，指尖向前。左脚跟贴下方的脚踝前侧下滑，至脚掌放于地上。这是本动作的起始动作。

3 呼气，向上提起身体，至肩、髋、膝、踝在一条斜直线上。同时举左臂，使双臂保持一条直线，打开胸与肩。

4 抬头看左手指延长线。吸气保持动作。

5 再次呼气时试着使髋尽量高过肩。吸气，有控制地放落身体回起始位置。

6 重复动作3次。交换体位练习。

提高难度这样做

1 右臀着地，身体侧坐，右手指尖向右，贴地滑出至掌根距身体一个半至两个手掌的距离（腕或掌有问题的朋友请一定用右前臂撑地）。

2 双膝微屈，左脚置于右脚前，稍旋左髋，左脚全脚掌着地，小脚趾侧贴靠右脚背，右脚跟同臀部保持在一条直线上，肚脐向前。外旋左肩，左手掌心向上，左臂自左膝后向脚尖方向伸展，微屈左肘，感觉左臂拉伸离开左肩。

3 呼气，收紧腹肌、背肌、臀肌，感觉肚脐贴向斜上方的脊柱。这是本动作的起始动作。吸气，准备开始动作。

4 呼气，右手掌、左脚全脚掌同时撑地，右侧腰腹发力向上提起身体，同时将左臂向上提起，掌心向前，至双肩臂在一条直线上，眼睛看左臂方向，身体看起来像是一个斜放在地上的字母"T"，感觉有绳索拉着腰部向上提。

5 吸气，保持动作。

6 呼气，将髋抬得更高些，同时翻转左肩臂，至掌心向下，左臂尽量，靠近左耳。

7 吸气，右臀有控制地落下，至悬于地面上。保持身体稳定，双膝伸直，左臂自体侧优美降下，掌心向上。

8 呼气，再次向上。重复动作3次后回起始动作。

9 交换体位练习。

侧弯扭转

目标肌肉： 身体大部分肌肉。

你能行： 尝试重复练习3次。

功效： 身体大部分肌群被伸展及强化，全面灵活脊椎，增强身体稳定性、平衡性和控制力。

秘诀： 想象被腰间绳索操控动作的木偶。

注意： 颈、肩、背、腰、肘、腕、掌、膝、踝有任何问题，均不要开始这一练习。女性生理期不要做这一练习。练习中如出现身体不稳定或任何不适，请立即停止练习。

1. 右臀着地，身体侧坐，右手指尖向右，贴地滑出至掌根距身体一个半至两个手掌的距离（腕或掌有问题的朋友请一定用右前臂撑地）。

2. 双膝微屈，左脚置于右脚前，稍旋左髋，左脚全脚掌着地，小脚趾侧贴靠右脚背，右脚跟同臀部保持在一条直线上，肚脐向前。

3. 外旋左肩，左手掌心向上，左臂自左膝后向脚尖方向伸展，微屈左肘，感觉左臂拉伸离开左肩。

4. 呼气，收紧腹肌、背肌、臀肌，感觉肚脐贴向斜上方的脊柱。这是本动作的起始动作。

5. 吸气，准备开始动作。呼气，右手掌、左脚全脚掌同时撑地，右侧腰腹发力向上提起身体，同时将左臂向上提起，至双肩臂在一条直线上，眼睛看向右臂方向，身体看起来像是一个斜放在地上的字母"T"，感觉有绳索拉着腰部向上提。

6. 继续向上顶髋，肋骨也向天花板提升，保持脊椎的自然曲度及伸展感，感觉腰间的绳索向上大力的提拉，致使双脚在双膝伸直的状态下被拉向头的方向，身体呈现出优美的流线。

7 保证躯干的稳定,以及脊椎自然曲度下的伸展感,腰、髋直至双脚适度向前旋转,至臀部尽量向天花板方向提起,身体渐呈三角形。注意双腿的配合,左脚尽量稳定,右脚相对灵活,适可而止,不可扭伤左膝。

8 收核心肌,伸展脊椎,左肘屈起,左臂自胸前穿过,左指尖及视线指向身体正后方。呼气时适当加大动作幅度。

9 身体有控制地回转,回到身体看起来像是一个斜放在地上的字母"T",感觉有绳索拉着腰部向上提的姿势。

10 依然保证躯干的稳定,以及脊椎自然曲度下的伸展感,收核心肌。将肚脐尽量转向天花板,左肩臂尽量向体后展开,舒展胸部。

11 身体有控制地回转,回到身体看起来像是一个斜放在地上的字母"T"字,感觉有绳索拉着腰部向上提的姿势。

12 有控制地放落身体,返回起始动作。交换体位练习。

起始动作为跪姿

▲ 猫式伸展，第230页

▲ 前置支撑，第232页

▲ 前置后拉，第234页

▲ 前冲伸展，第236页

▲ 登山者，第240页

▲ 向上伸展，第242页

起始动作为跪姿

▲ **跪姿侧踢**，第244页

▲ **跪姿侧提**，第246页

▲ **跪姿侧画小圈**，第248页

▲ **跪姿侧弯**，第250页

▲ **跪姿扭转**，第252页

▲ **俯卧撑**，第254页

猫式伸展

目标肌肉： 腹肌、上背伸肌。

你能行： 尝试重复练习5~10次。

功效： 提高躯干稳定性，全面改善脊椎弹性，塑造颈肩线条。

秘诀： 动作流畅和谐，感觉如波推水，也就是椎骨动作时如同水面的层层波浪，后浪推前浪，一波波推动向前。

注意： 颈、肩、背、腰有问题的朋友，动作过程中肌肉稍有感觉即可，或只是感受脊柱的伸展及肩髋的稳定性。确保练习垫不会使膝盖不适。注意肘后三角的三点在支撑时均匀受力，如出现某一点过度受力，请稍屈肘。

支撑姿势，保持脊椎中立位。呼气时，收腹肌，感觉肚脐内收上提，贴向斜上方的脊椎骨，本来同地面平行的骨盆慢慢趋向同地面垂直，驼背，含胸，圆肩，屈颈，头颅向两臂间垂落，使脊椎成屈曲状。吸气时挺胸，开肩，抬头，伸展颈椎和胸椎。

做不到时这样做

1. 双臂与双大腿同地面垂直,保持双手与双膝支撑时的骨盆、脊椎中立位。

2. 将一张同自己大腿等高的方凳置于骨盆下,以保证动作过程中骨盆的中立位(也就是动作中小腹始终在凳子上)。

3. 吸气,挺胸,开肩,伸颈,抬头,伸展颈椎和胸椎。

4. 呼气,脊椎回到中立位。吸气,感觉头顶和尾骨引领脊柱向前后两个方向轻缓延展,每节椎骨间形成一定空间。

5. 确保动作中双臂及双大腿始终垂直于地面,不可移动。呼气,稳定骨盆,拱背垂头。

前置支撑

目标肌肉： 腹肌、胸小肌、中下斜方肌、菱形肌、前锯肌。

你能行： 尝试重复练习3~5次。

功效： 稳定肩带及躯干，增加核心肌控制力。

秘诀： 想象自己被粘在一块平直的木板上，从后脑到骨盆保持着骨盆脊椎中立位。

注意： 确保练习垫不会使膝盖不适。注意肘后三角的三点在支撑时均匀受力，如出现某一点过度受力，请稍屈肘。手腕或手掌有问题的朋友，可用双前臂代替双手的支撑。动作中保持颈与背的自然曲度，不要抬头或低头。

1 双膝、双手支撑地面，双大腿与双臂同地面垂直，适度收腹肌，双肘如出现某一点过度承重，请稍屈肘。双手十指自然打开，均匀承重。如果此时在背后安放一块平直的木板，后脑枕骨、双肩、臀应贴放在木板上，腰曲同木板间的距离为3~5厘米，背部曲线流畅。这是本动作的起始动作。

2 叩击式呼吸，收腹肌，感觉肚脐向脊柱提拉，向后伸直右膝右髋。

3 左膝左髋向后伸直，感觉左脚跟也可以贴在木板上。

4 吸气，保持动作。呼气，收回右腿至膝、髋屈曲呈90°。

5 收左腿，回起始动作。

6 再次呼气时，先向后伸左髋左膝，重复上述动作。

提高难度这样做

起始动作同前页动作1。吸气,双腿次第向后蹬出,后脑、肩、髋、膝、脚跟在一条斜直线上。感觉胸、肩向两侧展开,脖子拉长,双脚跟向后蹬。自然呼吸,保持姿势约10秒。双膝次第收回至起始位置。交换体位练习。

前置后拉

目标肌肉： 腹肌、髋伸肌、腘绳肌。

你能行： 尝试重复练习3~5次。

功效： 增强肩带、骨盆以及躯干的稳定性及控制力，增进髋关节区域肌肉平衡。

秘诀： 想象有人将自己抬起的腿向斜后上方拉动。

注意： 如果在手脚支撑的位置上出现了"塌腰"的现象，说明还不适合这一练习，可在手膝支撑的位置上开始这一练习。如果手腕或手掌有任何问题，请以双前臂支撑身体。动作中保持颈与背的自然曲度，不要抬头或低头，注意肘后三角的三点在支撑时均匀受力，如出现某一点过度受力，请稍屈肘。

1 双膝、双手支撑地面，双大腿与双臂同地面垂直，适度收腹肌，双肘如出现某一点过度承重，请稍屈肘，双手十指自然打开，均匀承重。如果此时在背后安放一块平直的木板，后脑枕骨、双肩、臀应贴放在木板上，腰曲同木板间的距离为3~5厘米，背部曲线流畅。

2 吸气，双腿次第向后蹬出，后脑、肩、髋、膝、脚跟在一条斜直线上。感觉胸、肩向两侧展开，脖子拉长，双脚跟向后蹬。

3 保持肩带、骨盆、躯干的稳定状态，使脊柱始终在自然曲度上。呼气，收紧臀及右大腿后侧，绷右脚，抬右腿，右髋尽力伸展，右膝伸直，右脚心始终指向天花板。

4 吸气，有控制地降低右腿，直到绷起的右脚悬停在地面上。呼气，将右腿再次如前所述抬起。重复动作3~5次。交换体位练习。

前冲伸展

目标肌肉： 髋屈肌。

你能行： 尝试重复练习3次。

功效： 增进髋关节前后肌肉平衡，提高髋关节灵活性，增强骨盆及脊椎的动态稳定性，改善身体的平衡性、协调性与控制能力。

秘诀： 想象像木偶一样双腿挂在骨盆上，双腿同骨盆各自独立存在。

注意： 本动作第236~237页动作尚未完成的朋友，不建议进入"提高难度这样做"阶段。如动作中出现身体晃动等不稳定现象，请立即停止动作。

1. 双膝、双手支撑地面，双大腿与双臂同地面垂直，适度收腹肌，双肘如出现某一点过度承重，请稍屈肘，双手十指自然打开，均匀承重，如果此时在背后安放一块平直的木板，后脑枕骨、双肩、臀应贴放在木板上，腰曲同木板间的距离为3~5厘米，背部曲线流畅。这是本动作的起始动作。

起始动作为跪姿

2 提起左髋左膝向前,将左脚放置在双手之间,注意左膝正对左脚尖,左小腿同地面垂直。

3 在保证左腿及躯干稳定的状态下,右腿向后尽可能地延伸(下面的动作如果做不到,就在这一步停下来),右脚趾撑地,脚跟向后蹬。右膝伸直离开地面。收腹肌、背肌、臀肌,保证脊椎自然曲度的伸展,将双肩向臀部方向压下,保证肩带稳定,感觉头颅领着身体冲出斜上方的水面,想象一根笔直的线从头部一直贯穿到右脚跟。

4 吸气时伸颈抬头,打开胸肩,适度挺胸,感觉身体重量压放向右髋,右大腿前侧的伸展感更加强烈。

5 保持动作5次呼吸。交换体位练习。

提高难度这样做

1. 前面动作的定型姿势是本动作的起始动作。呼气，核心肌群收紧，确保躯干及四肢的稳定，有控制地抬起身体，直到骨盆脊椎中立位，双臂掌心向下侧平举。在完成下面动作的过程中，如身体不能保持稳定，请立即停止动作。

2. 吸气，右手掌心旋向上，抬至耳侧。

3. 呼气，保证骨盆的中立位，胸肩向左侧倾，眼看左手指。

4 吸气，躯干回到向上提拔的状态，双臂回掌心向下侧平举，然后左手掌心旋向上，抬置于耳侧。呼气，保证骨盆的中立位，胸肩向右侧倾，眼看右手指。

5 吸气，躯干回到向上提拔的状态，双臂回掌心向下侧平举。呼气，放落双臂，保持脊柱稳定，向前放落身体回起始动作。

6 收回放于两手之间的脚，回双手、双膝支撑地面，双臂与双大腿同地面垂直的姿势。交换体位练习。

登山者

目标肌肉： 腹肌、胸肌、肩袖肌群。

你能行： 尝试重复练习3~5次。

功效： 增进身体稳定性、协调性与控制能力，强化心肺功能，有效减脂。

秘诀： 想象自己的髋关节区域好像由强力弹簧连在一起。

注意： 手腕及手掌有问题的朋友只可选择以双小臂支撑练习。如练习中出现肩、髋、背、腰、膝、腕的任何不适，请立即停止这一练习。高血压患者及生理期的女性朋友不可做此练习。本动作经常同向上伸展连在一起做。

1 双膝、双手支撑地面，双大腿与双臂同地面垂直，适度收腹肌，双肘如出现某一点过度承重请稍屈肘，双手十指自然打开，均匀承重，如果此时在背后安放一块平直的木板，后脑枕骨、双肩、臀应贴放在木板上，腰曲同木板间的距离为3~5厘米，背部曲线流畅。

2 吸气，双腿次第向后蹬出，后脑、肩、髋、膝、脚跟在一条斜直线上。

3 呼气，感觉胸、肩向两侧展开，脖子拉长，双脚跟向后蹬。这是本动作的起始动作。

4 吸气，保持肩带、骨盆、躯干的稳定状态，使脊柱始终在自然曲度上。屈左膝、左髋，绷左脚，尽量将左大腿贴向胸前。

起始动作为跪姿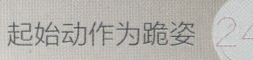

5 呼气，右脚跟略向前送，腹肌、背肌收紧，左膝推向双臂间，左脚保持绷起，远离地面。

6 吸气，向后收膝，伸直腿，回起始动作。交换体位练习。

提高难度这样做

本动作与前面基本一样，只是在动作6吸气，向后收膝，伸直腿时，左脚绷起，脚心向上，再回起始动作，交换体位练习。

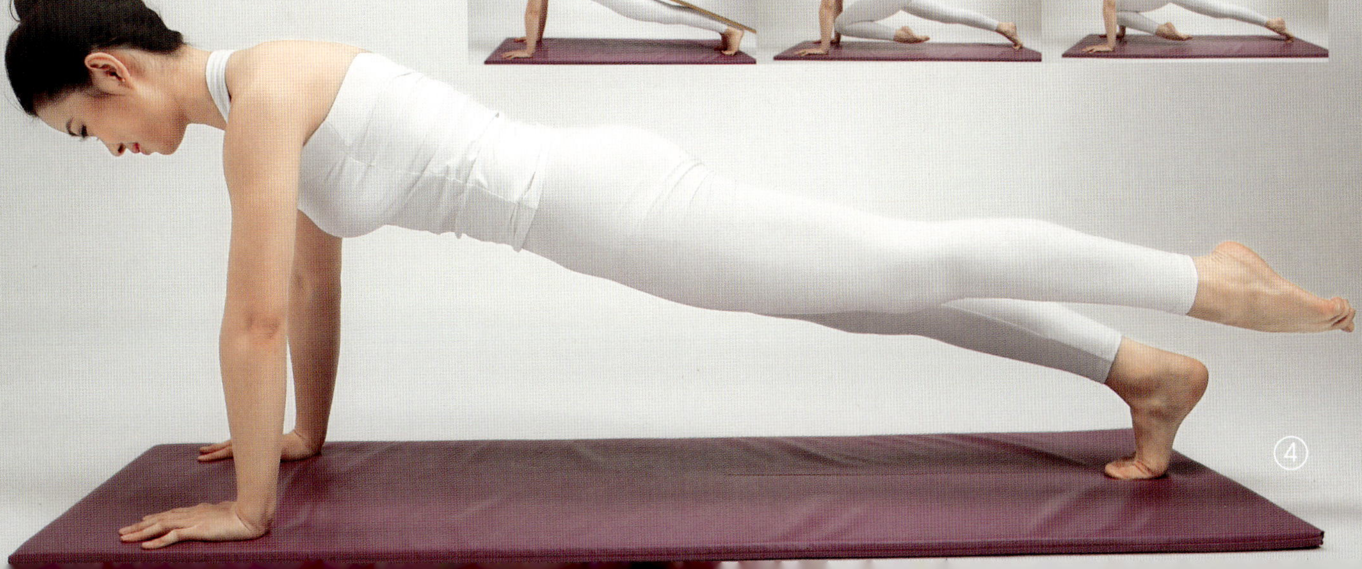

向上伸展

目标肌肉： 核心肌、背肌、胸肌、上臂及肩袖肌群。

你能行： 尝试重复练习3~5次。

功效： 强壮背及胸部，增进肩带、骨盆及脊椎的协调性、稳定性、控制力及动态平衡，伸展腿部，加强心肺功能，减脂塑形。

秘诀： 想象抬起的腿同后背贴在一块平直的木板上。

注意： 手腕及手掌有问题的朋友，全身肌力、肌耐力较差的朋友不适合这一练习。如练习中出现肩、髋、背、腰、膝、腕的任何不适，请立即停止这一练习。高血压者及生理期的女性朋友不可练习。本动作经常与登山者连在一起做。

1. 登山者的起始动作也是本动作的起始动作。

2. 抬左腿，绷左脚，左膝伸直，双髋在一个平面上，感觉有人拉着左脚将自己向斜后方的天花板提拉。

3. 保持左腿同后背在一个平面上，呼气，展开髋部回前置支撑姿势，但左脚依然绷直，保持左腿向后拉伸，左脚背离地面约10厘米。

4. 吸气，保持动作，感觉肚脐贴向脊柱。呼气，再次回到屈髋。抬高左腿的姿势。重复动作3~5次。交换体位练习。

起始动作为跪姿 243

提高难度这样做

1 如果要增加动作难度，可在抬左腿，绷左脚，左膝伸直，双髋在一个平面上，感觉有人拉着左脚将自己向斜后方的天花板提拉的动作完成后，保持姿势，向两侧屈肘，做1~3次俯卧撑。

2 保持左腿同后背在一个平面上，呼气，展开髋部回前置支撑姿势，但左脚依然绷直，保持左腿向后拉伸，左脚背离地面约10厘米。完成后，保持姿势，向两侧屈肘，做1~3次俯卧撑。

跪姿侧踢

目标肌肉： 腹肌、肩带稳定肌、髋外展肌。

你能行： 尝试重复练习5次。

功效： 躯干的侧向稳定性提高，身体的平衡性、控制能力提高，髋外展肌力量加强，髋伸肌与髋屈肌的平衡性与协调能力得到更好的发展，髋及腿部的柔韧性增强，塑造侧腰及髋部线条。

秘诀： 想象腰间有一根吊索向上提拉身体。

注意： 练习垫不应使双膝感到硌痛及出现任何不适。如果练习中出现腰、膝、髋任何不适，请立即停止练习。

1. 双膝跪立于练习垫上，左髋外展，伸直左腿，左脚尖向前，全脚掌着地。双臂侧平举，掌心向下。

2. 身体向右侧倾，右手指尖向外，帮助支撑身体，右臂同地面垂直。屈左肘，左手掌心向前，指尖置于左耳后。

3. 保持颈椎同背部在一条斜直线上，向外打开胸肩，稳定肩带，肚脐收向斜后上方脊柱，稳定骨盆带，保持脊椎自然曲度。

起始动作为跪姿

4 左髋外展,左腿抬高至略高于髋,绷脚,确保左脚背正对前方,感觉腿部的延长,左大腿好像被抽离开了骨盆。

5 叩击式呼吸,呼气,勾左脚,左腿向前微踢2次,回正中。

6 吸气绷直左脚,左腿向后微踢2次,回正中。动作中始终收紧腹肌、背肌、臀肌,尽量保持住身体的稳定。重复动作5次。交换体位练习。

跪姿侧提

目标肌肉：腹肌、肩带稳定肌、髋外展肌。

你能行：尝试重复练习5次。

功效：躯干的侧向稳定性提高，身体的平衡性、控制能力提高，髋外展肌力量加强，髋及腿部的柔韧性增强，塑造侧腰及髋部线条。

秘诀：想象腰间有一根吊索向上提拉身体。

注意：练习垫不应使双膝感到硌痛及出现任何不适。如果练习中出现腰、膝、髋任何不适，请立即停止练习。

1 双膝跪立于练习垫上，左髋外展，伸直左腿，左脚尖向前，全脚掌着地。双臂侧平举，掌心向下。

2 身体向右侧倾，右手指尖向外帮助支撑身体，右臂同地面垂直。

3 屈左肘，左手掌心向前，指尖置于左耳后。

4 保持颈椎同背部在一条斜直线上，向外打开胸肩，稳定肩带，肚脐收向斜后上方脊柱，稳定骨盆带，保持脊椎自然曲度。

起始动作为跪姿

5 左髋外展,左腿抬高,确保左脚背正对前方,绷直脚尖,感觉腿部的延长,左大腿好像被抽离开了骨盆。

6 叩击式呼吸,呼气,左腿向上展开2次。

7 吸气,左腿下落2次,至与髋等高的位置。动作中始终收紧腹肌、背肌、臀肌,尽量保持住身体的稳定。重复动作5次。交换体位练习。

跪姿侧画小圈

目标肌肉： 腹肌、肩带稳定肌、髋外展肌。

你能行： 尝试重复练习5~10次。

功效： 躯干的侧向稳定性提高，身体的平衡性、控制能力提高，髋外展肌力量加强，髋及腿部的柔韧性增强，髋关节区域肌群协调性增加。大腿赘肉减少，同时塑造侧腰及髋部线条。

秘诀： 想象腰间有一根吊索向上提拉身体。

注意： 练习垫不应使双膝感到硌痛及出现任何不适。如果练习中出现腰、膝、髋任何不适，请立即停止练习。侧弯时双手下加支撑物可将姿势变得更容易。

1 双膝跪立于练习垫上，左髋外展，伸直左腿，左脚尖向前，全脚掌着地。双臂侧平举，掌心向下。

2 身体向右侧倾，右手指尖向外帮助支撑身体，右臂同地面垂直。屈左肘，左手掌心向前，指尖置于左耳后。

3 保持颈椎同背部在一条斜直线上，向外打开胸肩，稳定肩带，肚脐收向斜后上方脊柱，稳定骨盆带，保持脊椎自然曲度。

起始动作为跪姿 249

4 左髋外展，左腿抬高至略高于髋，确保左脚背正对前方，绷直脚尖，感觉腿部的延长，左大腿好像被抽离开了骨盆。

5 大腿根带动向前画小圈，保持骨盆及整个躯干稳定。重复动作5~10次。

6 向后画小圈。重复动作5~10次。交换体位练习。动作中始终收紧腹肌、背肌、臀肌，尽量保持住身体的稳定。

跪姿侧弯

目标肌肉：腹肌、肩带稳定肌、髋外展肌、髋外旋肌。

你能行：尝试重复练习3次。

功效：躯干的侧向稳定性提高，身体的平衡性、控制能力提高，髋关节灵活性提高，同时塑造侧腰及髋部线条。

秘诀：想象腰间有一根吊索向上提拉身体。

注意：练习垫不应使双膝感到硌痛及出现任何不适。如果练习中出现腰、膝、髋任何不适，请立即停止练习。练习中，肩、髋、脚跟保持在一个平面上，躯干始终保持稳定。

1 双膝跪立于练习垫上，左髋外展，伸直左腿继续外旋，至左脚尖向左，全脚掌着地，左脚大脚趾内侧缘同右膝在一条直线上。双手掌心向上侧平举，感觉双臂的延长感，体会双臂好像从双肩被抽离开。这是本动作的起始动作。

2 脊椎在自然曲度上伸展提拔。收腹肌、背肌、臀肌，躯干向左侧屈，保持双臂始终与肩同高，且在一条直线上，尽量使左手掌背贴向左小腿，并沿着左腿的方向下滑。眼睛看向右臂斜上方。

3 保持胸肩打开的状态，右臂再次抬起，贴向右耳。保持4秒左右。

4 吸气，感受身体稳定，有控制地抬起身体回到起始动作。

5 双肩向前旋转，至双手掌心向下侧平举。左髋内旋至左脚尖向前，全脚掌着地。脊椎在自然曲度上伸展提拔。

6 收腹肌、背肌、臀肌，躯干向右侧屈，保持双臂始终与肩同高，且在一条直线上，直到右手指尖向外全手掌着地，但并不用力支撑。左脚掌下压，双髋尽量向上提。

7 旋左肩，翻转左手掌心向上，再次抬左臂至上臂贴耳。保持4秒左右。

8 吸气，感受身体稳定，有控制地抬起身体，收左髋，回跪立姿势。交换体位练习。

跪姿扭转

目标肌肉： 腹肌、肩带稳定肌、髋外展肌。

你能行： 尝试重复练习3~5次。

功效： 增强脊椎的全面灵活性以及骨盆、肩带的稳定性，身体协调能力及平衡能力提高，体侧肌群得到充分伸展。

秘诀： 想象自己腰以上的脊柱同双肩好像一把插在锁孔中的钥匙在左右转动。

注意： 练习垫不应使双膝感到硌痛及出现任何不适。腰背有问题的朋友请慎重练习。如果练习中出现背、腰、膝、髋任何不适，请立即停止练习。

1 双膝跪立于练习垫上，左髋外展，伸直左腿。左脚尖向前，全脚掌着地，双手掌心向下侧平举。脊椎在自然曲度上伸展提拔。

2 收腹肌、背肌、臀肌，躯干向右侧屈，保持双臂始终与肩同高，且在一条直线上，直到右手指尖向外全手掌着地。

3 左脚掌下压，双髋尽量向上提。这是本动作的起始动作。

4 保证躯干的稳定,以及脊椎自然曲度下的伸展感,收核心肌。将肚脐尽量转向天花板,左肩臂尽量向体后展开,舒展胸部。有控制地回起始动作。

5 收核心肌,伸展脊椎,左肘屈起,将肚脐尽量转向地面,左臂自胸前穿过,左指尖及视线指向身体正后方。呼气时适当加大动作幅度。有控制地回起始动作。重复动作3~5次。

6 交换体位练习。

俯卧撑

目标肌肉： 身体大部分肌肉。

你能行： 尝试重复练习3~5次。

功效： 肩、髋稳定性及灵活性增强，锻炼脊椎，增强核心肌力，加强腿及背部柔韧性，双臂及胸部肌肉也得到锻炼，帮助塑造身体流畅线条。

秘诀： 想象腰间有一根吊索将身体不断地向上提。

注意： 掌及腕部有问题者，颈、肩、背、腰有问题者，高血压者、低血压者，生理期女性不适合练习。练习中如果出现任何身体不适，请立即停止练习。初始练习者，可以屈双膝落地。降低难度时，也可以屈双膝落地练习。

1 完成登山者的起始动作。这是本动作的起始动作。

2 屈双肘，肘尖向后，打开髋，使身体同地面平行，身体随双肘的屈起整体下降，至两上臂贴于身侧，同地面平行。

3 双肘伸直，身体随之整体抬起，回起始动作。

4 保持脊椎自然曲度，稳定身体。屈髋，向上向后推臀，感觉臀向斜后上方的天花板提起，全身的重量压向脚跟，现在的身体从手掌根向上至尾骶处呈一条斜直线，从尾骶至脚跟也呈一条斜直线。

5 感觉好像有人将尾骨向斜后上方的天花板不停地拉动,收腹肌,带动双手向后移动,身体像是只有髋关节才能移动一样,随着双臂向双脚拖动,慢慢地叠在一起。

6 稳定身体,感到身体不能充分稳定的朋友可适度屈膝,尾骶向双膝间扣放,脊椎逐节向上卷动,一节节打开,到站立姿势。

7 重复动作3~5次,不过在第2次时,屈肘降低身体的俯卧撑动作做2次,第3次时做3次,以此类推。

做不到时这样做

初始练习者也可以屈双膝落地。

起始动作为俯卧

▲ **基本背伸展**，第258页

▲ **俯卧腿抬起**，第260页

▲ **俯卧臂抬起**，第262页

▲ **泳式**，第264页

▲ **桥式平衡**，第266页

▲ **单腿踢**，第268页

起始动作为俯卧

▲ **双腿踢,** 第270页

▲ **脚跟击打,** 第272页

▲ **菱形按压,** 第274页

▲ **天鹅下潜,** 第276页

▲ **摇动,** 第280页

▲ **休息体位,** 第282页

基本背伸展

目标肌肉： 竖脊肌。

你能行： 尝试重复练习5次。

功效： 强化竖脊肌，保护脊椎，增强躯干稳定性，提升脊柱活动能力，改善背部线条，保持体态。

秘诀： 收紧腰骶及臀部肌肉，骶骨、双腿、双脚压向地面，感觉有重物将这些部位压进地面。

1 俯卧，额头触地（可在着地的前额下垫薄薄叠起的毛巾），手臂放体侧，肩后移，掌心贴腿外侧。

2 吸气时，抬起头和胸，尽量高地翘升身体，使躯干离开地面，双手顺势沿腿外侧下滑。重复动作5次。

做不到时这样做

1. 俯卧，额头触地，双大腿内侧并拢。手臂放体侧，掌心贴腿外侧。

2. 屈肘，双手置于、头两侧打开，指尖向前，掌心贴地，双下臂平行。

3. 吸气，抬起头和胸，离开地面，做不到的朋友可稍稍借助双手按压地面直至手臂伸直，但不要将身体的重量压放在双臂双手上。

4. 呼气，一节节放落身体。重复动作5次。

腰椎不好的朋友抬身体至胸这个阶段就好了。

俯卧腿抬起

目标肌肉： 髋伸肌群。

你能行： 尝试重复练习3~5次。

功效： 增强髋关节稳定性，强化髋伸肌群肌力及肌耐力，美化下背、臀、大腿后侧。

秘诀： 想象收臀肌带动双腿离地的过程像是要扯起平铺在甲板上的风帆。

注意： 腰椎有问题的朋友就在腹下垫上软垫，抬高腰腹后练习。坐骨神经不适或髋关节有问题的朋友请慎重练习。

1 俯卧，着地的前额下垫薄薄叠起的毛巾，给鼻子留出呼吸空间，手臂置体侧，掌心向下贴地。

2 双肩向下拉动，推动双臂双手向脚掌处移动，感觉离双耳越来越远。轻柔地使耻骨贴地向脚尖处滑动，直至与髂前上棘处于同一平面。肚脐贴向斜上方的脊柱，收腹肌及盆底肌，确保骨盆保持稳定的中立位。

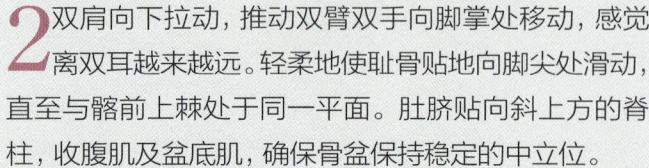

3 沿地面拉伸双腿，双膝分开一横拳宽，双脚绷直，感觉身体无限延长，确保膝后及脚跟朝向天花板。这是本动作的起始动作。

4 下背、臀、大腿后侧收紧，顺势抬起双腿向上。保持姿势自然呼吸。

5 有控制地放落双腿。

做不到时这样做

1 起始动作同前面一样。

2 下背、臀、大腿后侧收紧,顺势抬起左腿向上。

3 有控制地放落左腿。

4 交换右腿练习。

俯卧臂抬起

目标肌肉： 肩伸肌群。

你能行： 尝试重复练习3~5次。

功效： 增强肩关节稳定性，强化肩伸展肌群的肌力及肌耐力，美化肩、臂及上背。

秘诀： 想象全身都被粘在了地面上，只有双臂可以抬起。

注意： 肩关节有问题的朋友请慎重练习。

1 俯卧，着地的前额下垫薄薄叠起的毛巾，给鼻子留出呼吸空间，手臂置于体侧，掌心向下贴地。双肩向下拉动，推动双臂双手向脚掌处移动，感觉离双耳越来越远。轻柔地使耻骨贴地向脚尖处滑动，直至与髂前上棘处于同一平面。肚脐贴向斜上方的脊柱，收腹肌及盆底肌，确保骨盆保持稳定的中立位。

2 沿地面拉伸双腿，双膝分开一横拳宽，双脚绷直，感觉身体无限延长，确保膝后及脚跟朝向天花板。

3 保持身体稳定，掌心贴地，双臂自体侧向上伸直，至双臂间距略比肩宽。这是本动作的起始动作。

4 保持头、颈、背部及双腿的稳定，双臂抬起，尽量抬起至最高。初始练习时可借助普拉提杆。

做不到时这样做

1 起始动作同前面一致。保持头、颈、背部及双腿的稳定，左臂下压，抬高右臂。

2 有控制地放落右臂。

3 交换左臂练习。

泳式

目标肌肉： 肩背及髋膝的伸肌。

你能行： 尝试重复练习5次。

功效： 增强躯干的稳定性与协调性，强化身体伸展肌的力量。

秘诀： 想象在平静的水面上游泳。

注意： 腰椎有问题的朋友练习时，请在腰腹下用软垫垫高。躯干始终保持稳定，腿的动作由髋带动，臂的动作由肩带动。

1 俯卧，着地的前额下垫薄薄叠起的毛巾，给鼻子留出呼吸空间，手臂置于体侧，掌心向下贴地。双肩向下拉动，推动双臂双手向脚掌处移动，感觉离双耳越来越远。轻柔地使耻骨贴地向脚尖处滑动，直至与髂前上棘处于同一平面。肚脐贴向斜上方的脊柱，收腹肌及盆底肌，确保骨盆保持稳定的中立位。

2 沿地面拉伸双腿，双膝分开一横拳宽，双脚绷直，感觉身体无限延长，确保膝后及脚跟朝向天花板。

3 保持身体稳定，掌心贴地，双臂自体侧向上伸直，至双臂间距与肩同宽。

4 呼气,身体背侧肌肉收紧,腹部位置贴地,身体两端翘升,离开地面。这是本动作的起始动作。

5 右臂左腿抬高至耳尖高度,然后回起始位置。

6 交换体位练习。

提高难度这样做

与前面动作相同,俯卧在大号健身球上练习即可。

桥式平衡

目标肌肉：腹肌。

你能行：尝试重复练习3~5次。

功效：强化腹横肌，缓解腰背压力，平坦小腹，增强身体稳定性。

秘诀：想象腰间有一根吊索将身体向天花板拉动。

注意：腹肌肌力较弱的朋友暂时不要开始这个练习。如果练习中出现塌腰、耸肩等不良姿势，说明身体暂时不适合这个练习。如果练习中出现任何腰背不适，请立即停止练习。

1. 俯卧，着地的前额下垫薄薄叠起的毛巾，给鼻子留出呼吸空间，手臂置于体侧，掌心向下贴地。双肩向下拉动，推动双臂、双手向脚掌处移动，感觉离双耳越来越远。轻柔地使耻骨贴地向脚尖处滑动，直至与髂前上棘处于同一平面。

2. 肚脐贴向斜上方的脊柱，收腹肌及盆底肌，确保骨盆保持稳定的中立位。沿地面拉伸双腿，双膝分开一横拳宽，双脚绷直，感觉身体无限延长，确保膝后及脚跟朝向天花板。

3. 屈双肘，肘关节置于肩下，双手十指交握，拇指侧正对眉心，两前臂同胸膛构成一个等边三角形。下面的动作中，请始终保持这个三角形不动，拇指正对眉心。

脚跟朝向天花板。　　双膝分开一横拳。　　拇指正对眉心。

4 呼气，收腹肌，感觉肚脐拉向脊柱，带动身体离开地面，直到身体同地面平行。注意头顶向前领脊柱自然曲度伸展，双脚跟向后蹬，胸肩打开，肩带稳定。这是本动作的起始动作。如果这个动作无法正确完成，就不要急于开始下面的动作。

5 保持稳定，感觉腰间有一根细细的吊索，在每次呼气时向上提拉身体，肚脐向上方脊柱贴近，腰背稍向上约2厘米。

6 再次呼气时回起始动作。

提高难度这样做

起始动作同前面一致。绷直左脚，收腹肌，稳定身体，带动左腿离地，与髋等高，脚尖与头将身体向两端拉动。接下来的动作与前面相同。

单腿踢

目标肌肉： 腘绳肌。

你能行： 尝试重复练习3~5次。

功效： 增强腘绳肌力量，增强肩带及上半身的稳定性与控制力，改善膝关节超伸，塑造挺拔腿形。

秘诀： 感觉脚掌像盖印章一样压向臀。

注意： 如果动作中出现身体的前冲晃动，可放慢动作练习。腰背有问题的朋友如感腰背不适，可以俯卧姿势练习。练习过程中如出现任何腰、背或膝关节的不适，请立即停止练习。

1 俯卧，着地的前额下垫薄薄叠起的毛巾，给鼻子留出呼吸空间，手臂置于体侧，掌心向下贴地。双肩向下拉动，推动双臂双手向脚掌处移动，感觉离双耳越来越远。

2 轻柔地使耻骨贴地向脚尖处滑动，直至与髂前上棘处于同一平面。肚脐贴向斜上方的脊柱，收腹肌及盆底肌，确保骨盆保持稳定的中立位。

3 沿地面拉伸双腿，双膝分开一横拳宽，双脚绷直，感觉身体无限延长，确保膝后及脚跟朝向天花板。

4 屈双肘，肘关节置于肩下，双手手指交握，前臂着地，收紧腹肌、背肌、臀肌，伸展背，胸抬起，同时双腿稍抬起，悬于地面上方。这是本动作的起始动作。

5 叩击式呼吸，呼气，右膝屈起向臀部压送脚跟，微动2次。

6 吸气，右膝打开，微动2次。回起始动作。

7 交换左腿练习。

双腿踢

目标肌肉： 背伸展肌、腘绳肌。

你能行： 尝试重复练习3~5组。

功效： 加强背伸肌、髋伸肌肌力，增进肩带、躯干稳定性，增强身体协调性与控制力，塑造身体背侧线条。

秘诀： 身体翘升时想象自己是一条乘风破浪的小船。

注意： 如果练习中出现颈、肩、背、腰、膝等处任何不适，请立即停止练习。颈椎及腰背有问题的朋友，请慎重开始练习或放弃。如动作中出现身体不稳定，说明身体还不适合这一练习。

1 俯卧，着地的前额下垫薄薄叠起的毛巾，给鼻子留出呼吸空间，手臂置于体侧，掌心向下贴地。双肩向下拉动，推动双臂、双手向脚掌处移动，感觉离双耳越来越远。

2 轻柔地使耻骨贴地向脚尖处滑动，直至与髂前上棘处于同一平面。肚脐贴向斜上方的脊柱，收腹肌及盆底肌，确保骨盆保持稳定的中立位。

3 沿地面拉伸双腿，双膝分开一横拳宽，双脚绷直，感觉身体无限延长，确保膝后及脚跟朝向天花板。

4 屈双肘，双手十指交叉，掌心向上置于腰后。这是本动作的起始动作。

起始动作为俯卧 271

5 转头向右,左脸贴地。

6 稳定身体,向上抬双腿悬于地面,体会双腿向斜上方延长。

7 屈双膝,在确保身体稳定的前提下,双脚脚跟压向臀。重复3次。

8 再次打开双膝时,双手握拳,双臂向后伸直,头回正中位,胸、肩抬高,双腿同时抬高向上。有控制地放落身体回起始动作。

9 转头向左,右脸贴地,重复上述动作。

10 头颈左右转动为1组,重复动作3~5组。

脚跟击打

目标肌肉： 髋伸肌、髋外旋肌。

你能行： 尝试重复练习5次。

功效： 增加躯干稳定性，改善髋关节区域循环，塑造臀及大腿线条。

秘诀： 想象两只鼓槌顶部轻触即分的样子。

注意： 腰、背及髋关节有问题的朋友，请慎重练习或放弃。

1 俯卧，屈双肘，双手拇指与食指指尖相触结成一个菱形，掌心向下贴于地面，额头置于双手上。双肩向下拉动，感觉离双耳越来越远。轻柔地使耻骨贴地向脚尖处滑动，直至与髂前上棘处于同一平面。

2 肚脐贴向斜上方的脊柱，收腹肌及盆底肌，确保骨盆保持稳定的中立位。沿地面拉伸双腿，双膝分开一横拳宽，双脚绷直，感觉身体无限延长，确保膝后及脚跟朝向天花板。

起始动作为俯卧

3 双髋外旋,至双脚跟相对,脚尖向外。

4 下背、臀、大腿后侧收紧,顺势抬起双腿向上。

5 吸气时,双脚跟轻快相触5次,呼气时,双脚跟轻快相触5次。

菱形按压

目标肌肉： 背伸肌、髋伸肌。

你能行： 尝试重复练习3次。

功效： 改善脊椎连接形态，增强躯干稳定性，塑造身体背侧线条。

秘诀： 想象身体曲度好像一条弹性极强的钢片被拉出的弧度。

注意： 脊椎有问题者，存在腹内脏结核、溃疡或出血的朋友不要开始这个练习。如果练习中身体有任何不适，请停止练习。动作从慢节奏开始，尽量小心，保持身体舒适程度，确保在身体适应范围内练习。

1. 俯卧，屈双肘，双手拇指与食指指尖相触结成一个菱形，掌心向下贴于地面，额头置于双手上。双肩向下拉动，感觉离双耳越来越远。

2. 轻柔地使耻骨贴地向脚尖处滑动，直至与髂前上棘处于同一平面。

3. 肚脐贴向斜上方的脊柱，收腹肌及盆底肌，确保骨盆保持稳定的中立位。

4. 沿地面拉伸双腿，双膝分开一横拳宽，双脚绷直，感觉身体无限延长，确保膝后及脚跟朝向天花板。

如身体无法适应双臂伸直，可停留在双小臂着地支撑的状态。

5 保持双手组成的菱形轮廓，收紧腹肌、背肌、臀肌，感觉头顶领着整根脊柱伸展，伸长每节椎骨间的距离，推动手臂至双肘伸直，将上背部提离地面，颈部与后背呈现一条流畅优美的曲线。

6 保持颈椎的延伸感，有控制地抬头，屈双膝，感觉双脚掌可以触到后脑，动作过程中始终保持胸、肩打开，双肩下沉。

7 有控制地打开双膝，头颈回正中位，放落身体回俯卧。

天鹅下潜

目标肌肉： 核心肌、身体大部分伸肌。

你能行： 尝试重复练习3~5次。

功效： 增进身体的协调性、稳定性与控制力，加强核心肌及身体大部分伸肌的肌力，改善脊椎连接形态，按摩胸腹内脏，塑造身体流畅线条。

秘诀： 想象跳板上凌空而下跳水运动员优雅的身姿。

注意： 脊椎有问题者，存在腹腔内脏结核、溃疡或出血者，高血压者、低血压者，生理期的女性朋友不要开始这个练习，如果练习中身体有任何不适，请停止练习。请从第276~277页动作开始练习，动作从慢节奏开始，尽量小心，保持身体舒适程度，确保在身体适应范围内练习。

1. 俯卧，屈双肘，双手掌心向下，指尖向前置于头部两侧。双肩向下拉动，感觉离双耳越来越远。

2. 轻柔地使耻骨贴地向脚尖处滑动，直至与髂前上棘处于同一平面。肚脐贴向斜上方的脊柱，收腹肌及盆底肌，确保骨盆保持稳定的中立位。

3. 沿地面拉伸双腿，双膝分开一横拳宽，双脚绷直，感觉身体无限延长，确保膝后侧及脚跟朝向天花板。这是本动作的起始动作。

4 吸气时，保持前臂平行贴于地上，收紧腹背臀肌，感觉头顶领着整根脊柱伸展。吸气，慢慢地抬起头颅，逐节翘升身体，手臂同地面垂直。

5 继续试着慢慢向上延伸身体，伸直手臂，收紧腹肌、背肌、臀肌。

6 呼气时，逐节地放落脊椎，直到额头可以放回地面上（哪怕动作是快速的，也要保持这种肌肉的顺序感）。

7 收紧下背肌、臀肌以及大腿肌，注意膝后侧和脚心尽量指向天花板，现在尽量翘升双腿及双髋，向上抬起，尽量向上提高，可以试着再向上收紧腹背，直到最高位置，伸直膝。有控制地放落身体，回起始动作。

提高难度这样做

1. 完成前面动作1~5。

2. 呼气,保持每一节脊椎的拉伸感及核心肌的收紧,有控制地屈肘,将上半身降至地面的同时,将双腿提离地面,尽量抬高,保持双膝伸直。

3. 让身体在这两个动作间有控制地来回摇动。

难度更高这样做

1 完成前面动作 1~4。

2 呼气,双臂向前贴地滑出至肩臂一条直线贴于地面,同时双腿向上尽量抬高,双膝伸直,脚趾伸向天花板。

3 吸气时,双腿落于地面,两臂保持伸展过头,上臂贴在耳侧的状态,将上半身向上抬高,脊柱尽量竖起。

4 在这两个动作间有控制地来回摇动。

摇动

目标肌肉： 背伸肌、髋伸肌。

你能行： 尝试重复练习3~10次。

功效： 改善脊椎连接形态，增强躯干稳定性、控制力与平衡力，伸展身体前侧，按摩腹内脏，塑造身体背侧线条。

秘诀： 想象身体跟儿童木马一样流畅地前后摆动。

注意： 脊椎有问题，存在腹内脏结核、溃疡或出血的朋友不要开始这个练习。如果练习中身体有任何不适，请停止练习，转入休息体位。动作从慢节奏开始，尽量小心，保持身体舒适程度，确保在身体适应范围内练习。

1 呼气时，双腿提高，身体向前摇动。

2 吸气时，双腿后压，身体向后摇动。

做不到时这样做

1 俯卧，着地的前额下垫薄薄叠起的毛巾，给鼻子留出呼吸空间，手臂置于体侧，掌心向下。双肩向下拉动，推动双臂、双手向脚掌处移动，感觉离双耳越来越远。

2 轻柔地使耻骨贴地向脚尖处滑动，直至与髂前上棘处于同一平面。肚脐贴向斜上方的脊柱，收腹肌及盆底肌，确保骨盆保持稳定的中立位。

3 沿地面拉伸双腿，双膝分开一横拳宽，双脚绷直，感觉身体无限延长，确保膝后侧及脚跟朝向天花板。

4 屈双膝，双手自外侧握住两脚背。

5 吸气时，胸部抬起，打开双肩。

6 呼气时，保持脊椎的伸展感，双大腿离开地面，脚掌略后绷，脚尖指向天花板。

7 呼气时有控制地放落身体。

休息体位

适合大多数练习者的放松体位

1. 跪坐于脚跟上,身体前倾,感觉小腹、上腹、胸部逐节贴放于大腿上。

2. 双臂分开,略比肩宽,掌心向下,贴地向前延伸,感觉头顶和手指引领脊柱轻柔地向前伸展,将头部放于地面,轻柔地放松。

3. 保持这一姿势不少于6次深呼吸。

备注：适合肥胖、腹部凸起、腰背僵硬的初学者的休息体式。在这个体式上，练习者需要一只大号的健身球。

备注：适合因膝关节问题，不适合跪姿的朋友的休息体式。

1. 坐于垫上，双腿向前，在舒适的范围分开。

1. 仰卧，如果在这个姿势上感觉很难将头、颈或双肩在地面上放松，请在后脑枕骨处垫一块叠起的毛巾。

2. 健身球置于双腿间，逐渐将胸、肩、双臂、头颅舒适地放于健身球上。保持这一姿势不少于6次深呼吸。

2. 屈膝，双手置于双大腿后，将双膝抱向胸部，下巴微收向锁骨窝，借以拉伸颈部。保持这一姿势不少于6次深呼吸。

起始动作为站姿

▲ **向下卷动**，第286页

▲ **胸扩展**，第287页

▲ **旋蹲**，第288页

▲ **拉链式**，第290页

▲ **踏步伸展**，第291页

▲ **手臂画圈**，第292页

起始动作为站姿

▲ **转体**，第293页

▲ **划船**，第294页

▲ **跨步**，第296页

▲ **前后抬腿**，第297页

▲ **地上画圈**，第298页

▲ **风车**，第299页

▲ **燕式平衡**，第300页

向下卷动

背逐节驼起。

下巴内收。

拱腰。

稍屈膝。

目标肌肉： 核心肌、背伸展肌。

你能行： 尝试重复练习3次。

功效： 改善脊椎连接形态，提高身体的稳定性、平衡性与控制力，培养注意力及感受肌肉募集。

秘诀： 向下的时候，想象一张没有完全贴好的壁纸从墙面上打着卷滚动下来；向上的时候，想象一把滚筒一点点地将壁纸贴回墙面。

注意： 脊椎有问题者，高血压患者、低血压患者、眩晕症患者，以及刚刚开始普拉提练习的朋友不要练习本动作。

1 背墙站立姿态，体会身体的延伸感，下面的动作过程中始终关注核心肌对身体稳定性的调控，为了保持身体的稳定，可在练习中稍屈膝。

2 呼气，下巴向内收，体会颈椎一节节向下卷动，感觉自己像一张正在墙上卷下收起的画，顺势放松肩臂，圆肩，背逐节驼起，感觉腹部好像被一只冰激凌勺子挖出了一个洞，拱腰，尾骶向两膝间推送。

3 吸气，尾骶推直，腰曲恢复，感觉脊椎逐节卷起，推回正位，恢复背墙站立姿态。

胸扩展

目标肌肉： 菱形肌。

你能行： 尝试重复练习3~5次。

功效： 稳定肩带，改善圆肩、驼背，帮助胸、肩打开。

秘诀： 想象用两肩胛内缘夹紧一支竖在脊柱位置的笔。

注意： 如果练习中不能保持身体的稳定，可屈膝或改为坐姿练习。

1. 保持背墙站立姿态，体会身体的延伸感。双臂侧平举，竖起手腕，掌心向外，尽量将掌根向外推，同时感受双臂向两侧的延展感。

2. 呼气，感觉两肩胛骨后缩，内侧缘接近，双臂顺势向后。

3. 吸气，两肩胛复位，双臂回侧平举状态。

旋蹲

目标肌肉： 腹肌、背肌、髋外旋肌。

你能行： 尝试重复练习3~10次。

功效： 发展核心稳定性，强化双腿控制能力，促进髋关节灵活性，改善臀及大腿线条。

秘诀： 动作过程中始终感觉有只大夹子，垂直夹着腹背向上提。

注意： 髌骨劳损、半月板损伤的朋友不要做这个练习。如果练习中膝、髋出现任何不适，请随时停止。动作过程中双膝始终对脚尖，并且不超过脚尖。这个动作的重点在于双髋外旋，而不是下蹲幅度。

1. 保持骨盆脊椎中立位站姿，双踝、双膝不动，双腿从大腿根开始向外旋，臀顺势收紧，直至双脚跟并拢，双脚尖向外呈"八"字形分开。

2. 双臂向上伸直置于体侧，同身体呈30°，双肩外旋，掌心相对。吸气，收腹肌、背肌，放松双肩，感觉头像气球带着整根脊柱向上飘，保持这种感觉。

3. 呼气，双髋外旋，顺势屈膝，膝盖始终对着脚尖，双臂同时外展呈"V"形，感觉双臂延伸，保持骨盆脊椎中立位。吸气，起身，双臂放落。

做不到时这样做

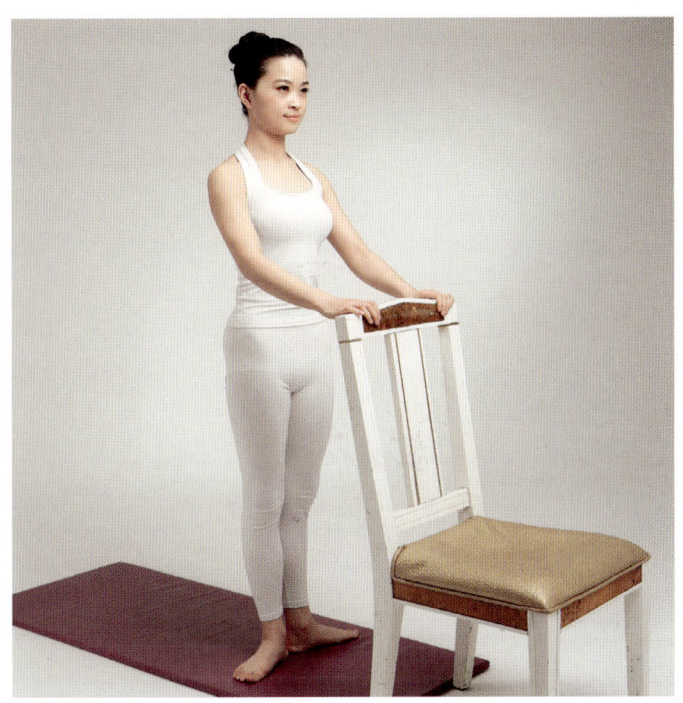

1 保持骨盆脊椎中立位站姿,双踝、双膝不动,双腿从大腿根开始向外旋,臀顺势收紧,直至双脚跟并拢,双脚尖向外呈"八"字形分开。

2 双臂向前,双手扶住前方稳定的物体,如把杆、床头或稳定的椅背。

3 吸气,收腹肌、背肌,感觉头像气球带着整根脊柱向上飘,保持这种感觉。

4 呼气,双髋外旋,顺势屈膝,保持骨盆脊椎中立位。吸气,起身。

拉链式

目标肌肉： 小腿肌。

你能行： 尝试重复练习5~10次。

功效： 提高身体动态稳定性，打造腿部线条。

秘诀： 想象轻盈弹跳的舞者。

注意： 髋、膝、踝有问题的朋友可以放弃这个练习。注意动作中脚尖同膝盖始终在一个方向上。

1 保持骨盆脊椎中立位站姿，双踝、双膝不动，双腿从大腿根开始向外旋，臀顺势收紧，直至双脚跟并拢，双脚尖向外呈"八"字形分开。双臂置于体侧，掌心向前。

2 吸气，踮脚，同时屈双肘，双手指尖相对，掌心向上，随踮脚的动作抬至胸前，尽量用脚尖站立，身体保持稳定。

3 呼气，保持身体直立稳定，有控制地放落脚跟，双手回体侧。

踏步伸展

目标肌肉: 核心肌。

你能行: 尝试重复练习5~10次。

功效: 强化身体协调性、稳定性,有利于骨盆脊椎中立位的保持,提高身体对肌肉募集的集中与注意。

秘诀: 感觉躯干被贴在了墙上,只有手臂与腿能动。

1. 保持背墙站立姿态,感觉身体重心向右侧稍移送,在保证骨盆脊椎中立位的前提下,屈左髋、左膝,向上提起至胸前。同时将右臂向上高举,掌心向前。左臂稍向后伸,掌心向后。

2. 在保证骨盆脊椎中立位的前提下,有控制地放落左髋、左膝。收回双臂。

3. 感受身体重心向左稍移送,在保证骨盆脊椎中立位的前提下,屈右髋、右膝,向上提起至胸前。同时将左臂抬高,掌心向前。右臂稍向后伸,掌心向后。

4. 在保证骨盆脊椎中立位的前提下,有控制地放落右髋、右膝。收回双臂。

手臂画圈

目标肌肉： 上臂肌肉。

你能行： 尝试重复练习5~10次。

功效： 增加肩带及躯干稳定性，塑造上臂线条。

秘诀： 想象在晃动手腕上的呼啦圈。

注意： 肩关节有问题的朋友应慎重练习。练习过程中如不能保证身体及肩带稳定，请放慢动作。

1. 保持骨盆脊椎中立位站姿，双踝、双膝不动，双腿从大腿根开始向外旋，臀顺势收紧，直至双脚跟并拢，双脚尖向外呈"八"字形分开。双臂置于体侧，同身体呈30°，双肩外旋，掌心向外。

2. 吸气，收腹肌、背肌，放松双肩，感觉头像气球带着整根脊柱向上飘，保持这种感觉。

3. 呼气，双髋外旋，顺势屈膝，膝盖始终对着脚尖，双臂同时外展，略高于肩，感觉双臂延伸，保持骨盆脊椎中立位，肩关节带动双臂顺时针画小圈5~10次，然后逆时针画小圈5~10次，注意转动过程中肩及躯干的稳定。

4. 直膝，放落双臂，回背墙站立姿态。

转体

目标肌肉： 腹肌。

你能行： 尝试重复练习5~10次。

功效： 增加身体的动态稳定性，提高前庭机能，拉长身体线条。

秘诀： 想象挥动彩带的啦啦队队员。

注意： 注意双脚均匀承重，同时踮起。转动位置为腰线以上部位。如果练习中出现了骨盆前倾现象，说明暂时不适合这个练习。练习中如果腰背或膝出现任何不适，请立即停止。

1 保持骨盆脊椎中立位站姿，双踝、双膝不动，双腿从大腿根开始向外旋，臀顺势收紧，直至双脚跟并拢，双脚尖向外呈"八"字形分开，双臂掌心向下前平举。

2 双脚踮起至最高，胸腰向左转，同时双臂高举过头，保持躯干稳定，不可挺胸压腰。

3 放落双脚，双臂回体前，转向正前方。

4 双脚再次踮起至最高，胸腰向右转，同时双臂高举过头，保持躯干稳定，不可挺胸压腰。

5 放落双脚，双臂回体前，转向正前方。

划船

目标肌肉： 肩周肌群。

你能行： 尝试重复练习5~10次。

功效： 改善肩周循环，增强躯干及肩带稳定性，塑造肩臂线条。

秘诀： 想象划桨的样子。

注意： 如果不能保持躯干的稳定，也就是出现了压腰挺胸或身体晃动的姿态，说明还不适合这一练习。双肩的运动幅度应从小到大、循序渐进。如果练习中出现任何肩、背、腰的不适，请立即停止练习。

1 保持骨盆脊椎中立位站姿，双脚分开与肩同宽，脚尖向前。双手握拳，双臂向后伸展。

2 呼气，确保膝盖正对脚尖，稍屈膝。在躯干稳定的状态下，臀向上向后推动至躯干同地面平行。

3. 收腹肌，肚脐贴向脊柱，保持姿态稳定，双臂自体前向上抬至耳侧。稍停留，并在下面的动作中始终保持身体的这种稳定状态。

4. 双臂自体前放落，然后伸肩向后再屈肘前推，动作幅度逐渐增大，至双肩向后伸至与身体呈30°后，屈双肘至双拳到胁侧，然后向前推出至双臂于耳侧同地面平行。

5. 重复动作5~10次。双肩带动双臂反方向动作。重复动作5~10次。

跨步

目标肌肉： 核心肌。

你能行： 尝试重复练习5次。

功效： 促进身体的动态稳定性，保持身体良好的姿势列线，加强髋关节的灵活性。

秘诀： 想象一下提线木偶。

注意： 如果练习中出现膝关节撞击感、骨盆出现前倾位以及压腰挺胸现象，说明暂不适合这一练习。练习中如果出现膝、髋、腰的任何不适，请立即停止练习。

1 保持骨盆脊椎中立位站姿，双踝、双膝不动，双腿从大腿根开始向外旋，臀顺势收紧，直至双脚跟并拢，双脚尖向外呈"八"字形分开。双手搭放在双髋处。

2 左脚稍向前，左脚跟置于右内侧脚弓位置。身体重心微移向右腿，左脚沿脚尖方向擦出，保持躯干及骨盆稳定的前提下，直至脚尖点地，并顺势带动左腿抬高向前延伸。

3 放落左脚，收腹肌、背肌，保持骨盆中立位，屈左膝。动作中始终保持向上的延伸感。

4 直膝，左脚擦地收回。交换体位练习。

前后抬腿

目标肌肉： 腿部肌群。

你能行： 尝试重复练习5次。

功效： 增强身体的稳定性、平衡性及控制力，提高腿部及脚部灵活性，塑造腿部线条。

秘诀： 想象擦地踢出的腿如同跑道上滑行升空的战机。

注意： 髋关节有问题的朋友请慎重练习。

1 保持骨盆脊椎中立位站姿，双踝、双膝不动，双腿从大腿根开始向外旋，臀顺势收紧，直至双脚跟并拢，双脚尖向外呈"八"字形分开。双臂掌心向下侧平举。

2 身体重心微移向右腿，左脚沿脚尖方向擦出，保持躯干及骨盆稳定的前提下，直至脚尖点地，并顺势带动左腿抬高。

3 放落左腿，左脚尖点地，顺次收回脚掌、脚跟，至动作开始前位置。

4 左髋外旋更多，带动左脚尖尽量指向左侧，左脚向左外侧擦地踢出，并有控制收回至内侧脚弓置于右脚跟后。

5 左脚向左后侧擦地踢出，并有控制地收回。交换体位练习。

地上画圈

目标肌肉： 髋周肌群。

你能行： 尝试重复练习5~10次。

功效： 促进身体稳定性及协调功能的提高，增强髋关节灵活性，提高腿部运动的灵活性及控制力。

秘诀： 想象双腿好像圆规在画圆。

注意： 髋关节有问题的朋友请慎重练习，如果练习中出现髋关节有任何不适，请立即停止练习。

1 保持骨盆脊椎中立位站姿，双踝、双膝不动，双腿从大腿根开始向外旋，臀顺势收紧，直至双脚跟并拢，双脚尖向外呈"八"字形分开，双臂掌心向下侧平举。

2 左脚向前贴地擦出，至脚尖点地，尽量向前延伸。

3 保持身体稳定，左脚尖贴地向左侧画圆，至体后时，左脚尖稍下压，借以帮助身体稳定。然后，左脚尖再自后向左、向前画出。重复动作5~10次。收回左脚，交换体位练习。

风车

目标肌肉： 肩周肌群。

你能行： 尝试重复练习5~10次。

功效： 增加身体协调机能，改善肩背循环，增强身体稳定性与控制力。

秘诀： 想象侧平举的双臂粘在一根笔直的木条上。

注意： 肩周及腰背有问题的朋友请慎重练习。

1. 保持骨盆脊椎中立位站姿，双踝、双膝不动，双腿从大腿根开始向外旋，臀顺势收紧，直至双脚跟并拢，双脚尖向外呈"八"字形分开，双臂掌心向下侧平举。

2. 右脚贴地后滑，至脚尖着地，保持站姿，顺势右转。

3. 右臂向上，左臂向下转动至双臂同地面垂直时，身体顺势向前、向左再次至双臂掌心向下侧平举。

4. 左臂向上，右臂向下转动至双臂同地面垂直时，身体顺势向前、向右至双臂掌心向下侧平举。重复动作5~10次。交换体位练习。

燕式平衡

目标肌肉：核心肌。

你能行：尝试重复练习3~5次。

功效：提高身体的稳定性、平衡性及控制力，改善神经系统功能，增强髋关节保持骨盆、脊椎及髋关节中立位的能力。

秘诀：想象身体粘在了木板上，只有支撑腿髋关节可以活动。

注意：如果练习中出现左臀、右臀不在一个平面上，支撑腿髋屈曲小于90°，膝关节超伸或脊柱正常曲度改变，说明还不适合这一练习。当练习有所提高时，可在保持躯干稳定的前提下，试着将后抬的脚高过头部。

1 保持骨盆脊椎中立位站姿，双踝、双膝不动，双腿从大腿根开始向外旋，臀顺势收紧，直至双脚跟并拢，双脚尖向外呈"八"字形分开，双臂掌心向下侧平举。

2 左脚向前贴地擦出，至脚尖点地，尽量向前延伸。

3 保持身体稳定，左脚尖贴地向左侧画圆，至体后时，左脚尖稍下压，借以帮助身体稳定。

4 将右脚尖转向正前方。呼气，收腹肌，从头到脚保持正确姿势列线向前探身，抬左腿直到左腿、身体与地面平行，右腿同地面垂直。保持姿势。

5 吸气时起身，收回左腿。交换体位练习。

附录1：本书普拉提晋级图谱

入门

 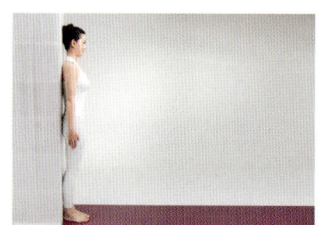  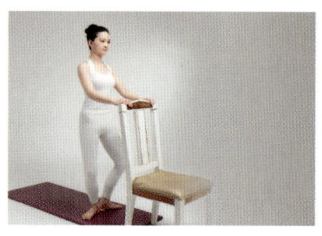

骨盆前后倾练习，第31页 | **背墙站立，**第34~35页 | **踏步伸展，**第291页 | **旋蹲** 做不到时这样做，第289页

跪姿侧弯，第250~251页 | **美人鱼** 做不到时这样做，第178~179页 | **猫式伸展** 做不到时这样做，第231页 | **前置支撑，**第232页

基本背伸展 做不到时这样做，第259页 | **俯卧臂抬起** 做不到时这样做，第263页 | **俯卧腿抬起** 做不到时这样做，第261页 | **单腿踢，**第268~269页

入门 303

单腿侧提，第 192 页

侧屈，第 186~187 页

障碍练习，第 194~195 页

胸部抬起 难度再降低这样做，第 59 页

百拍 难度再降低这样做，第 74 页

卷曲上提 做不到时这样做，第 87 页

单腿伸展 做不到时这样做，第 77 页

双腿伸展 难度再降低这样做，第 79 页

腹斜肌单腿交叉伸展 做不到时这样做，第 81 页

双腿下降 做不到时这样做，第 107 页

休息体位，第 283 页

初级

直膝坐位，第 40 页

美人鱼，第 176~177 页

肩画圆圈，第 174 页

菱形伸展，第 128~129 页

分腿平衡，第 130~131 页

脊椎旋转 提高难度这样做，第 155 页

锯式练习，第 158~159 页

滚动如球，第 126 页

百拍 做不到时这样做，第 72~73 页

腹斜肌单腿交叉伸展，第 80 页

双腿伸展 做不到时这样做，第 79 页

腘绳肌伸拉 做不到时这样做，第 101 页

卧位跳跃，第 120~121 页

侧踏单车，第 210~211 页

侧弯 做不到时这样做，第 224 页

菱形按压，第 274~275 页

双腿踢，第 270~271 页	**前置后拉**，第 234~235 页	**登山者**，第 240~241 页	**跪姿侧提**，第 246~247 页

跪姿侧踢，第 244~245 页	**跪姿扭转**，第 252~253 页	**肩桥** 做不到时这样做，第 83 页	**休息体位**，第 283 页

中级

肩胛提肌伸展，第 124~125 页	**肩部练习**，第 30 页	**颈椎上提**，第 110~111 页	**彩虹** 难度更高这样做，第 151 页

脊椎旋转并伸展，
第 156~157 页

百拍， 第 71 页

腹斜肌腘绳肌伸拉，
第 104 页

超越卷动， 第 92~93 页

分腿滚动， 第 132~133 页

单腿 T 挑战预备式，
第 136~137 页

双腿抬起 T 挑战预备式，
第 142~143 页

飞翔， 第 148 页

康康舞式， 第 168~169 页

腿画圆圈 做不到时这样做 ，
第 91 页

前冲伸展， 第 236~237 页

桥式平衡， 第 266~267 页

泳式， 第 264~265 页

天鹅下潜， 第 276~277 页

攀登式， 第 220~221 页

蚌式， 第 218~219 页

星光, 第 204~205 页

肩桥, 第 82~83 页

仰卧脊椎旋转 (提高难度这样做), 第 68~69 页

休息体位, 第 283 页

高级

踏步伸展, 第 291 页

转体, 第 293 页

风车, 第 299 页

划船, 第 294~295 页

燕式平衡, 第 300~301 页

向下卷动, 第 286 页

跪姿侧弯(第 250~251 页)
连跪姿侧提(第 246~247 页)
连跪姿侧踢(第 244~245 页)

登山者(第 241 页)
连前冲伸展(第 238 页)
连向上伸展(第 243 页)
连俯卧撑(第 254~255 页)

附录1：本书普拉提晋级图谱

天鹅下潜 难度更高这样做，第279页

摇动，第280页

侧画大圈，第206~207页

四方伸展，第212页

百拍 提高难度这样做，第75页

T挑战，第146~147页

肩髋画圆，第175页

折刀，第112~113页

开瓶式旋转，第96~97页

平衡控制，第118~119页

单车，第116页

双腿伸展，第78页

骨盆卷动 提高难度这样做，第57页

休息体位，第283页

日常练习组合

骨盆前后倾练习，第 31 页

旋蹲，第 288 页

转体，第 293 页

踏步伸展，第 291 页

划船，第 294~295 页

跪姿侧弯，第 250~251 页

跪姿扭转，第 252~253 页

跪姿侧提，第 246~247 页

跪姿侧踢，第 244~245 页

跪姿侧画小圈，第 248~249 页

蚌式预备式，第 213 页

攀登式，第 220~221 页

脚跟触碰，第 198~199 页

侧屈，第 186~187 页

侧弯 做不到时这样做，第 224 页

美人鱼，第 176~177 页

前置支撑，第 232 页

俯卧腿抬起 做不到时这样做，第 261 页

日常练习组合 311

俯卧臂抬起 做不到时这样做，
第 263 页

支撑姿势，第 42~43 页

前冲伸展，第 236~237 页

康康舞式 做不到时这样做，
第 170 页

分腿平衡，第 130~131 页

卷屈上提 做不到时这样做，
第 87 页

后置支撑，第 160 页

腹斜肌单腿交叉伸展，
第 80 页

卧位跳跃，第 120~121 页

剪刀式 做不到时这样做，
第 115 页

休息体位，第 282 页

附录2：普拉提常用小工具的使用

垫上运动只是普拉提练习中所能体验的一小部分，装备齐全的专业普拉提工作室中配有众多的器械。约瑟夫·普拉提在帮助伤病者康复的工作中，产生了在病床上加装弹簧以方便练习者更有目的性地独立完成动作的想法，他陆续发明了重组训练器（Reformer）、多功能训练台（Cadillac）、文达椅（Wundachair）、高桶（High Barrel）、脊椎校正器（Spine Corrector）等各种器械。为了更有效果地练习，约瑟夫·普拉提还会为他的客人量身定制器材。这种在当时看来十分超前的做法被现代的高端私教极其推崇，后来者们为了使练习更富乐趣，更有效果，更有针对性，更能激发练习者的热情，纷纷加入了这一行列，因此专业普拉提工作室中的器械越来越丰富多彩。本书为大家介绍几种适合垫上练习使用的辅助器材，因为便携、可替代性强，所以它们也是练习中常用的小工具。

在介绍这些辅助器材的使用之前，先来了解一下它们的另一个名称——自定义小工具。换句话说，这些器材并不是只有某种特定的用法，具有良好生物力学基础的教练们，会根据这些小工具自身的特点，设计出更适合自己客人的动作，来激发练习者的兴趣，锻炼控制力、协调性、柔韧性以及肌力和肌耐力。所以，我的介绍也从这个思路出发，先来发现这些小工具的特性，然后举例说明这些特性如何应用在练习中。希望这种介绍能够授人以渔、抛砖引玉，使大家的练习更加安全、有效、有趣。

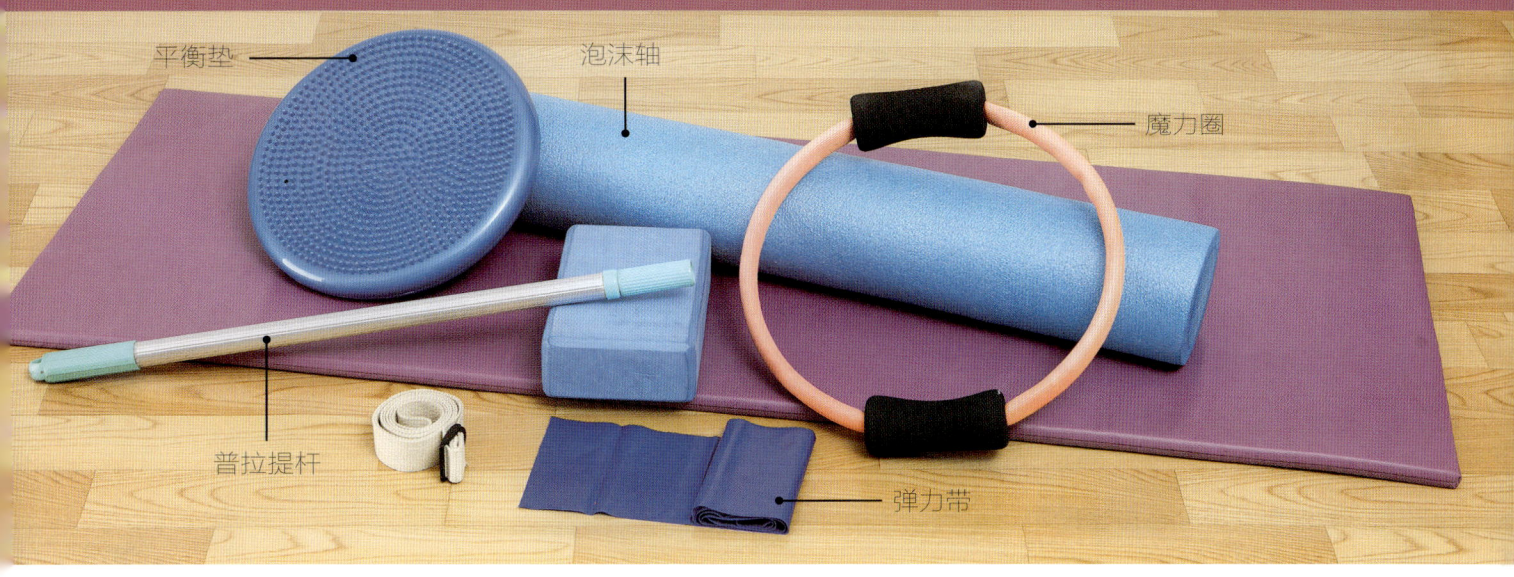

弹力带

  弹力带,顾名思义就是一条弹性极好的带子。与它具有相同作用的还有弹力绳、拉力弹簧等。肌力较弱的朋友,如果您手边有一条强力松紧带,也可以在确保它不会被您拉断的前提下,用来作为弹力带的替代品。

  弹力带的特性:有弹性。所以要想拉长它就要费力,要想用它拉起某件东西反而不如一根绳子更容易借力。

  接下来看一下这些特性如何为我所用。

  利用其弹性进行抗阻力训练来加强肌力、肌耐力,雕塑紧致线条。举例如下:弹力带肱二头肌训练、弹力带肱三头肌训练、弹力带前锯肌训练、弹力带腰背稳定性训练。

  利用其弹性趣味增加训练强度,比如:弹力带诱发下的卷曲上提。只要了解基本的运动解剖知识,对肌肉的起止点和关节运动较为熟悉,相信大家会将弹力带应用得得心应手。

弹力带肱三头肌练习。

泡沫轴

泡沫轴，顾名思义就是一根圆柱形泡沫胶，它的特性是：有高度，有一定的亲肤性硬度，可以做前后或左右滚动。

利用其单平面的不稳定性提升平衡性、协调性及核心肌力。比如：泡沫轴上分腿旋蹲、泡沫轴上双向前后抬腿、泡沫轴仰卧踏步。利用泡沫轴竖立摆放的高度确保动作幅度（应根据不同身体情况选择不同长度的泡沫轴），比如：泡沫轴四向旋踢。利用泡沫轴的亲肤性硬度进行自我筋膜放松，比如：泡沫轴腘绳肌筋膜放松、泡沫轴肩胛筋膜放松、泡沫轴髂胫束筋膜放松。

泡沫轴平衡练习。

普拉提杆

普拉提杆又被称为矫形棒，通常为长度不等的细直圆棍。其特性是：有长度、有硬度、方便抓握。

利用其长度使双手抓握后形成协调一致的动作，比如：百拍。

利用其长度及硬度设置标准，保证动作幅度，比如：双腿伸展变式、肩关节灵活性训练。

利用其长度及硬度设置标准，确保动作的准确性，比如：旋蹲。

双腿伸展变式。

平衡垫

平衡垫为中空，表面常设有按摩颗粒的橡胶圆饼，通常直径在40厘米左右。因具有抗压性，并可以充气，所以又被称作"气枕"或"按摩气垫"。其特点是：可以提供水平面的不稳定、抗压，颗粒物可提供按摩作用、所以，平衡垫常作为支撑平面使用以提高核心肌力，并为脚底等部位提供按摩。比如：骨盆卷动、旋蹲、桥式平衡、飞翔、天鹅下潜、前置后拉。

骨盆卷动。

魔力圈

腿画小圈。

魔力圈又被称作阻力环。顾名思义，其设计用途为提供阻力，是直径为40厘米左右的圈状物。通常由弹性良好的玻璃钢弹片制造。其特点为抗压、有弹性，挤压时产生阻力，其直径距离所产生的高度差可提供适当支撑，并可限制运动幅度。利用这些特点可设计不同练习目的动作，比如：上臂塑形、胸部塑形、腿部塑形、臂/腿画小圈、腿部拉伸、肩伸展练习。

球

普拉提练习中所涉的球类小工具多种多样，常见的有健身球、小球、实心球等，还有名字叫作球，但其实属于半球的博速球，以及在小球或半球上加了颗粒的榴莲球等。其特性是：可提供多平面的不稳定性，根据直径不同具有不同的高度、不同的弧度，挤压时可产生阻力，实心球具有不同的重量。这些特点可以表明，利用不同的球可以完成前文中各种小工具的动作，并将这些动作赋予新的含义。比如：球上泳式、滚球屈体、实心球转腹、背肌放松、腿部塑形、上臂塑形、抱球卷腹。

榴莲球因为球面的按摩颗粒，及其球体本身所具有的弧度，可有效地起到按摩放松的作用，比如：榴莲球脚弓恢复与脚底按摩。

博速球的样子好像是把健身球切开后加了一个硬底，这样使它较平衡垫具有更多的不稳定性，而相比健身球则有更好的稳定性，比如：博速球站立转体。

在教学与日常训练中，各种小工具也可以组合使用，比如弹力带与泡沫轴，平衡垫与魔力圈等。还有很多小工具层出不穷，只要大家找到其特性，利用其特性，不但可以轻松玩转小工具，更可以发现生活中处处都是可以利用的小工具，比如水瓶（肱三头肌）、苹果（举腿）、座椅（转腰）、台阶（小腿三头肌）等，从而使得练习随时可进行，且充满乐趣。

抱球卷腹。

附录3：普拉提姿态矫正和产后康复训练方案

不良姿态			产后不适
头部扭转 颈部练习 第28页	**耸肩** 肩部练习 第30页 肩胛提肌伸展 第124页	**臀部扁平、下垂** 攀登式 第220页 蚌式 第218页 俯卧腿抬起 第260页	**腹直肌分离** 单/双腿抬起 第64页 仰卧脊椎旋转 第66页 桥式平衡 第266页
O形腿、X形腿 背墙站立 第34页 卧位跳跃 第120页	**驼背** 菱型按压 第274页 胸扩展 第287页	**腰椎前曲过多** 仰卧脊椎旋转 第66页 卷曲上提 第86页	**盆底肌松弛** 骨盆卷动 第56页 攀登式 第220页 拉链式 第290页
臀围外扩 障碍练习 第194页 侧卧巴特曼 第196页 基础蚌式 第214页	**脊柱侧弯** 脊柱旋转并伸展 第156页 美人鱼 第176页 侧提 第184页 侧屈 第186页 侧弯 第222页 菱形按压 第274页	**圆肩** 基本背伸展 第258页 俯卧臂抬起 第262页	**膝痛** 肩桥 第82页 单腿侧提 第192页 攀登式 第220页 蚌式 第218页 前冲伸展 第236页 俯卧腿抬起 第260页 单/双腿踢 第268/270页
腰椎前曲不足 泳式 第264页 摇动 第280页	**腹部凸出，松弛下坠** 百拍 第70页 腹斜肌单腿交叉伸展 第80页 超越卷动 第92页 桥式平衡 第266页	**扁平足** 提踵练习 第39页 脚趾抓物	**骨盆修复** 髋外旋和髋内旋 第32页 骨盆卷动 第56页 单腿伸展 第76页 康康舞式 第168页 美人鱼 第176页 侧卧下方腿抬起 第200页

附录4：人体结构解剖图谱

骨骼

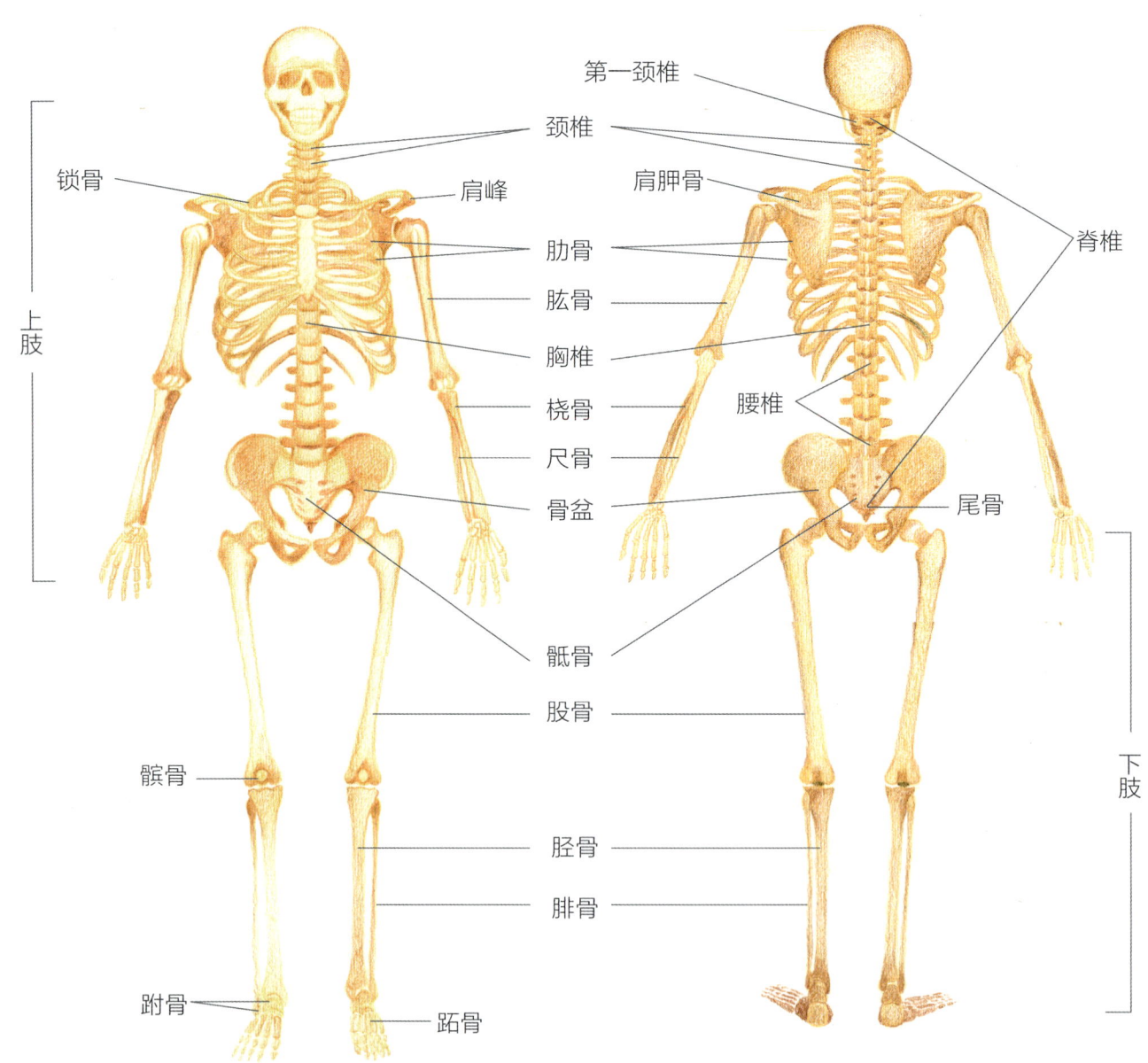

关节及它们的位置

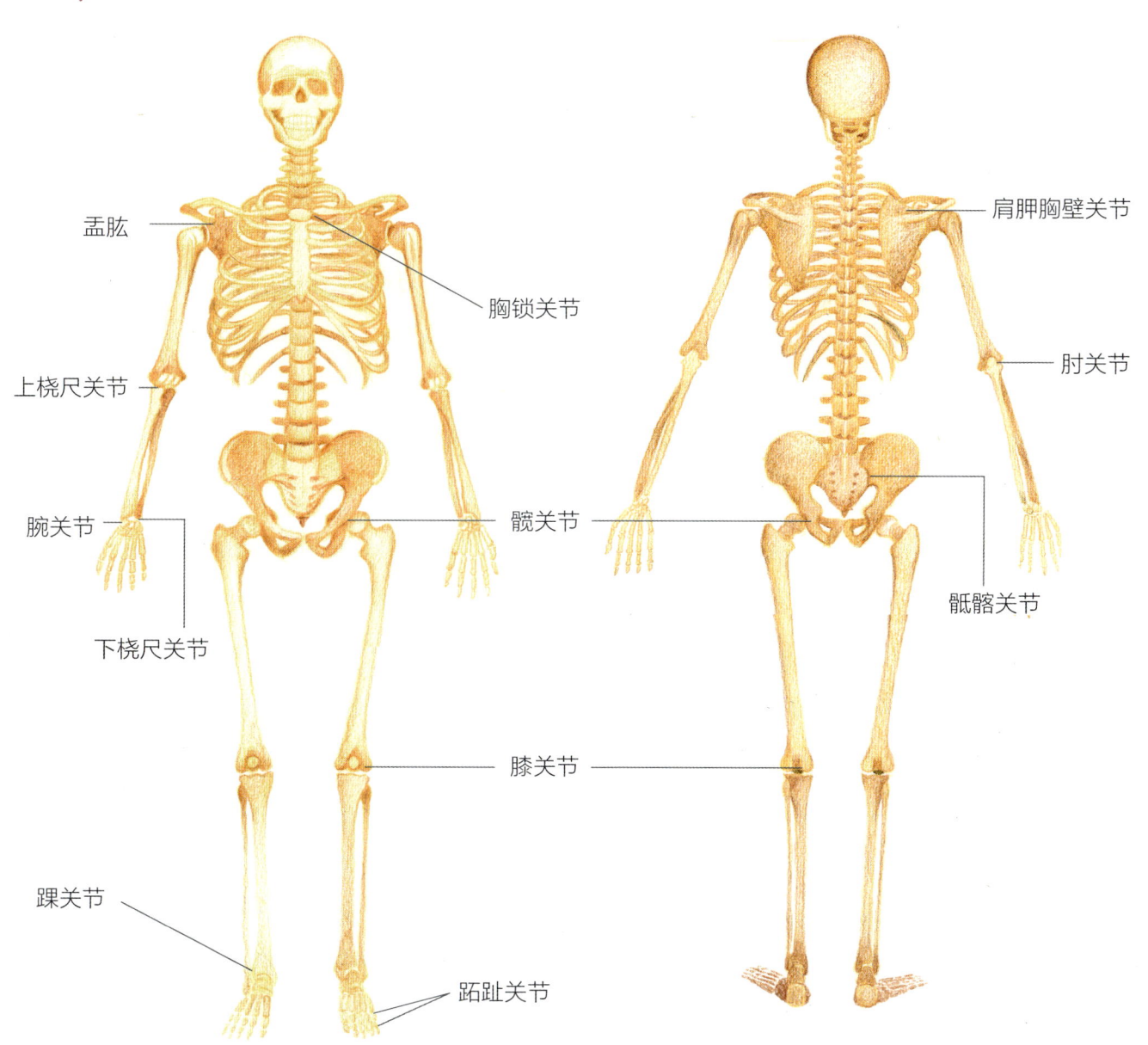

颈肩部肌肉

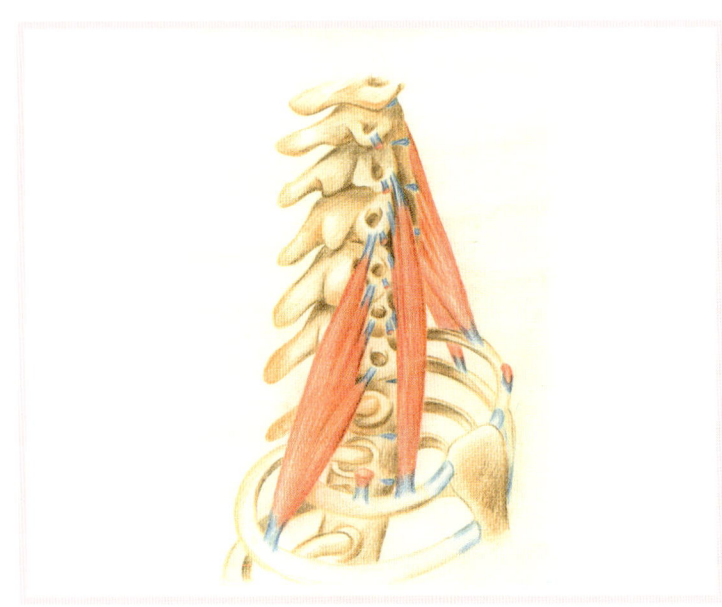

斜角肌

起点：第2至第7颈椎。

止点：第1肋、第2肋。

作用：颈侧屈、侧旋、前屈，上提第1肋、第2肋。健身人群以伸展为宜。

常用练习动作：颈部练习（见第28页）。

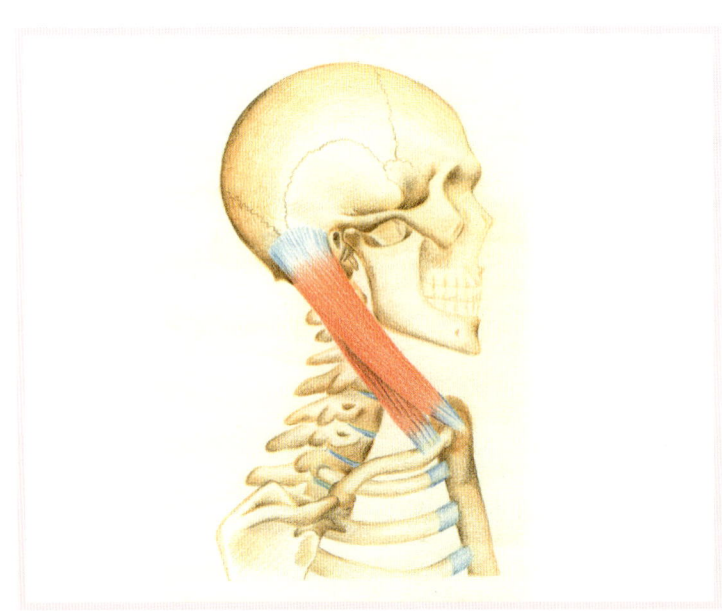

胸锁乳突肌

起点：胸骨柄前面和锁骨的胸骨端。

止点：颞骨的乳突。

作用：一侧收缩，使头向同侧屈，并转向对侧。两侧收缩使头后伸。

常用练习动作：颈部练习（见第28页）。

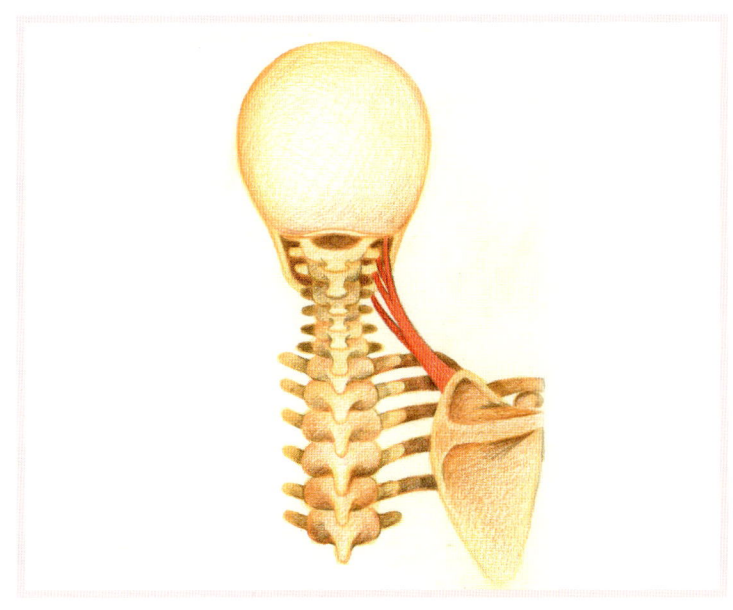

肩胛提肌

起点： 上4块颈椎的横突。

止点： 肩胛骨上角和肩胛骨脊柱缘的上部。

作用： 上提肩胛骨并使肩胛骨下回旋。

常用练习动作： 肩胛提肌伸展（见第124页）。

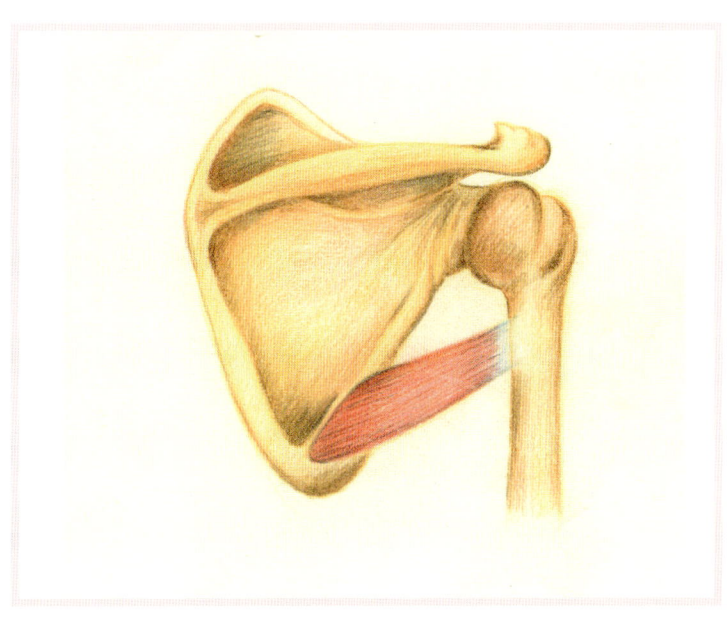

大圆肌

起点： 肩胛骨下角背面。

止点： 肱骨小结节嵴。

作用： 使肩关节伸、旋内、内收。

常用练习动作： 肩画圆圈（见第174页）。

肩袖肌群（肩胛下肌、小圆肌、冈上肌、冈下肌）

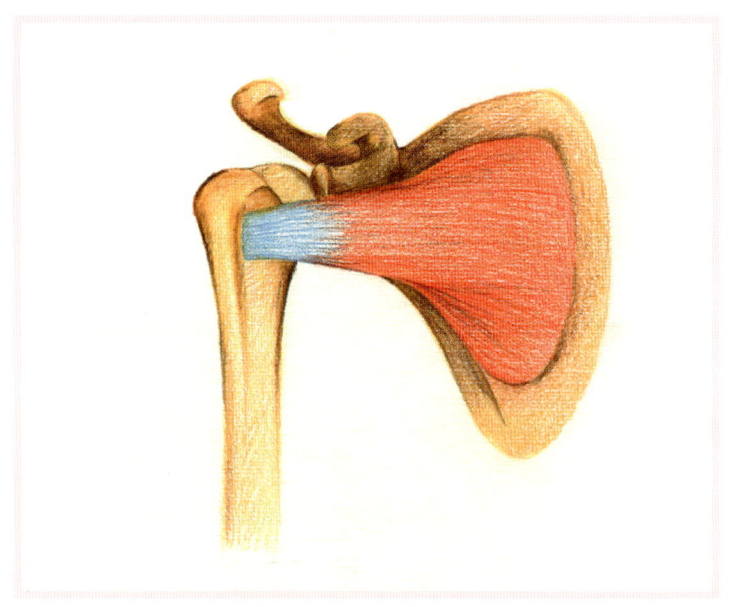

肩胛下肌

起点：肩胛下窝。

止点：肱骨小结节。

作用：使肩关节伸、内收和旋内。

常用练习动作：肩画圆圈（见第174页）。

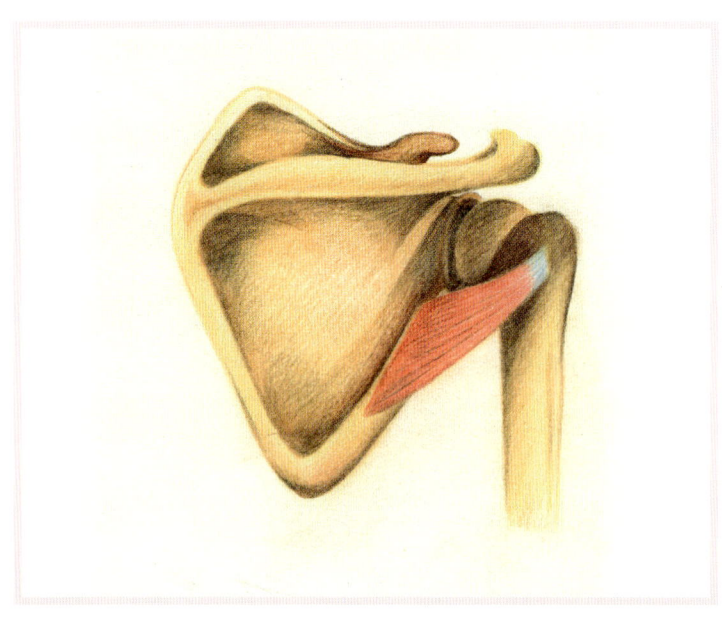

小圆肌

起点：肩胛骨外侧缘背面。

止点：肱骨大结节嵴下部。

作用：使肩关节旋外、内收、伸和水平伸。

常用练习动作：肩画圆圈（见第174页）。

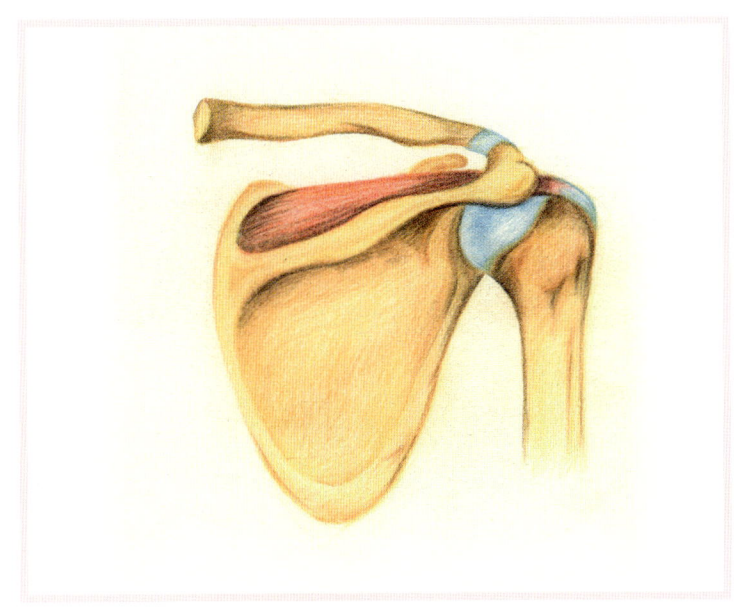

冈上肌

起点： 肩胛骨冈上窝。

止点： 肱骨大结节上部。

作用： 肩外展。

常用练习动作： 手臂画圈（见第292页）。

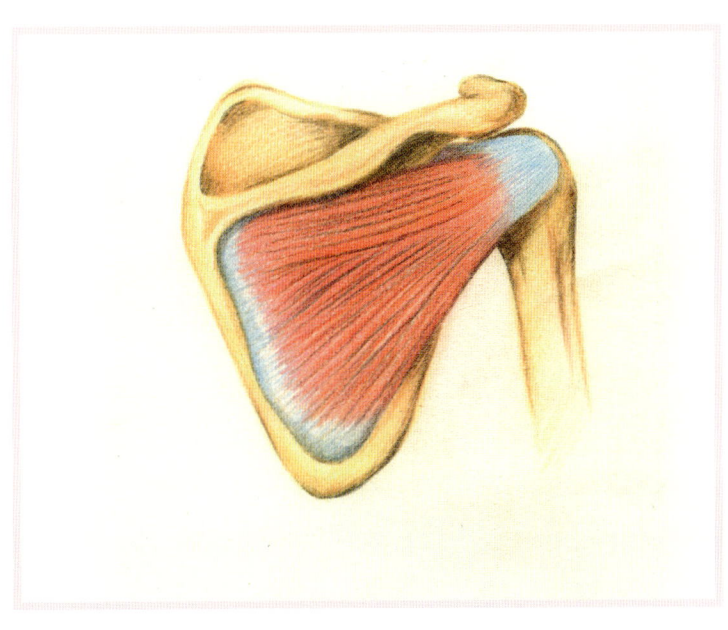

冈下肌

起点： 冈下窝。

止点： 肱骨大结节嵴中部。

作用： 使肩关节内收、旋外、伸和水平伸。

常用练习动作： 肩画圆圈（见第174页）。

胸背部肌肉

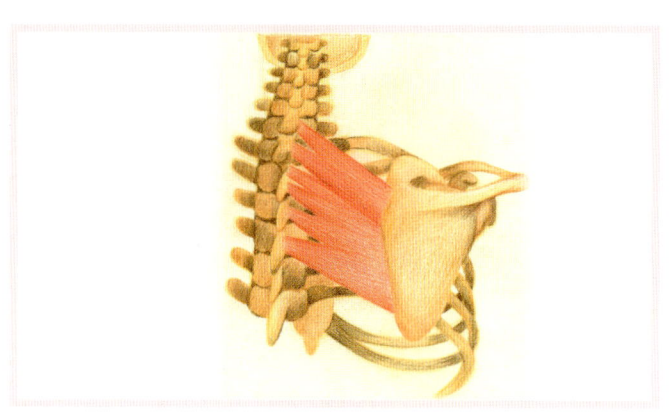

菱形肌

起点： 第6、第7颈椎和第1至第4胸椎的棘突。

止点： 肩胛骨内侧缘。

作用： 使肩胛骨上提、后缩和下回旋，伸脊椎胸段。

常用练习方法： 肩部练习（见第30页）。

前锯肌

起点： 第8肋、第9肋的外侧面。

止点： 肩胛骨内侧缘，下部肌纤维止于肩胛骨下角前面。

作用： 使肩胛骨前伸、下降、上回旋，助深吸气。

常用练习动作： 俯卧撑（见第254页）。

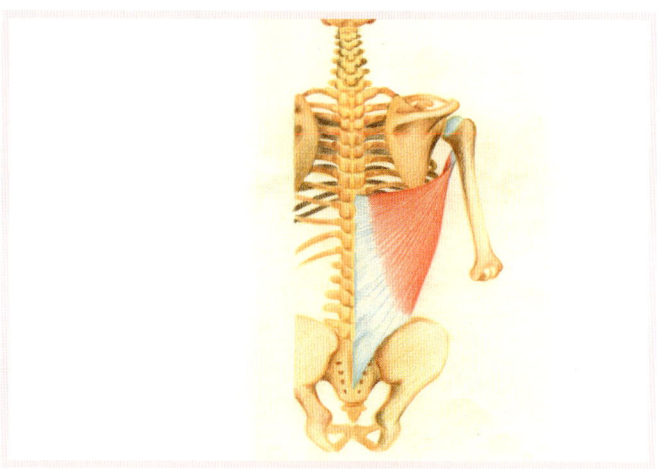

背阔肌

起点： 下6个胸椎，全部腰椎棘突，骶中嵴，髂嵴后1/3和第10至12肋骨外面。

止点： 肱骨小结节嵴。

作用： 使肩关节伸、内收和旋内，助肩胛骨后缩，拉躯干向上臂靠拢，辅助吸气。

常用练习动作： 划船（见第294页）。

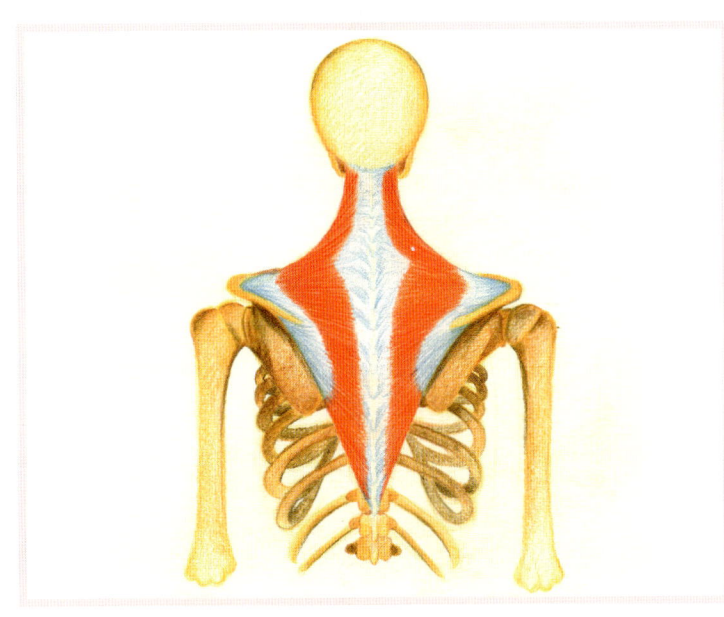

斜方肌

起点：枕外隆突、上项线、项韧带、第7颈椎棘突及全部胸椎棘突及其棘上韧带。

止点：上束止于锁骨外侧1/3处。中束止于肩峰和肩胛冈上缘。

作用：使肩胛骨运动，头部侧屈或回旋，两侧同时收缩，使头和脊柱伸直。

常用练习动作：划船（见第294页）。

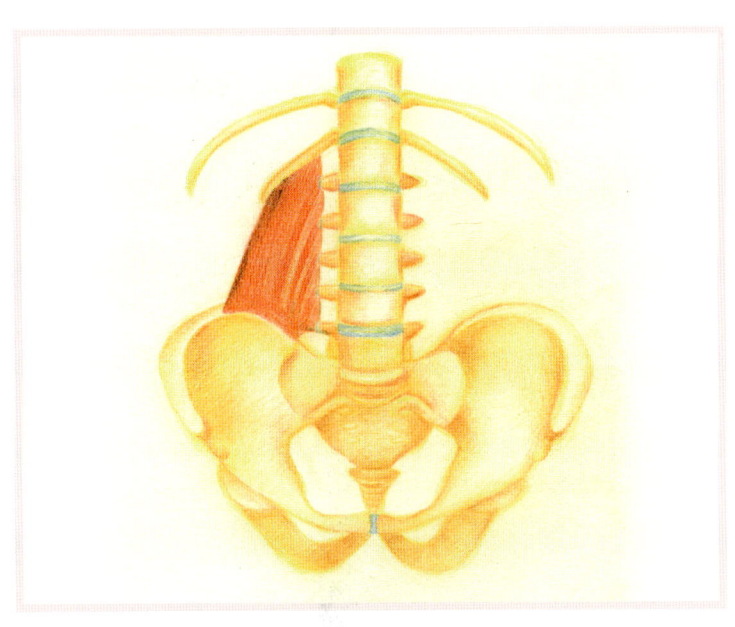

腰方肌

起点：起于髂嵴后部第2至第5腰椎横突。

止点：止于第12肋骨、第12胸椎体和第1至第4腰椎横突。

作用：伸脊柱腰段、侧屈、侧提、配合腹肌产生腹压。

常用练习动作：侧提（见第184页）、侧屈（见第186页）。

竖脊肌

分为下文中分述的棘肌、最长肌、髂肋肌。

起点： 骶骨背面，髂嵴后部，腰椎棘突和胸腰筋膜。

止点： 颈、胸椎间盘的棘突、横突、颞骨乳突和肋角。

作用： 使脊柱伸，单侧收缩时使脊柱向同侧屈。

常用练习动作： 基本背伸展（见第258页）。

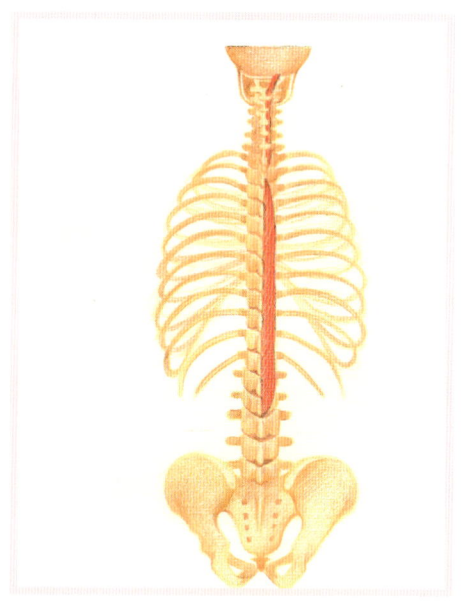

棘肌

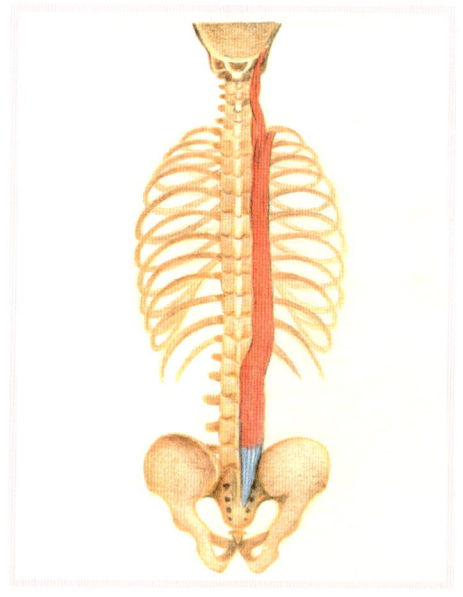

最长肌

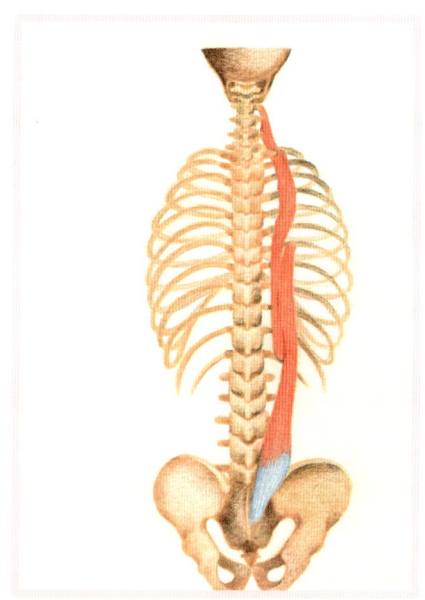

髂肋肌

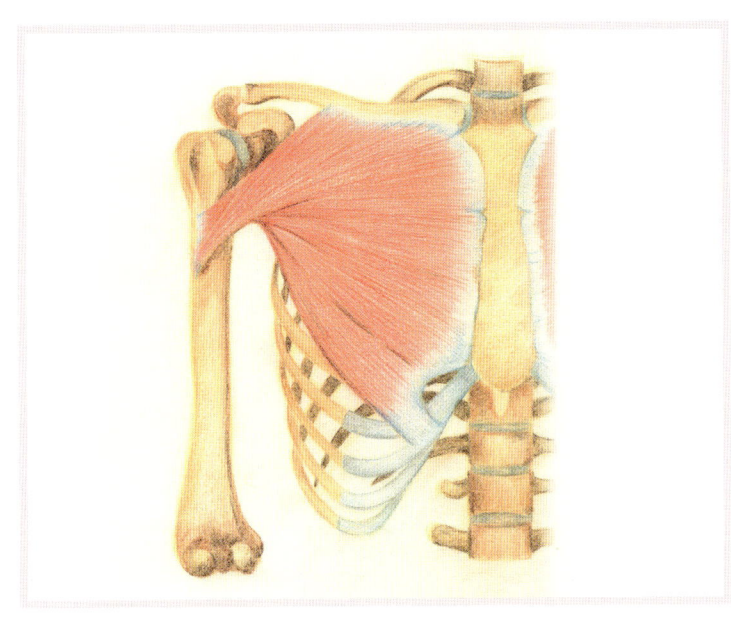

胸大肌

起点： 锁骨内侧半、胸骨前和上6个肋软骨以及腹直肌鞘前壁。

止点： 肱骨大结节嵴。

作用： 提肋、协助吸气、使上臂屈、内收、旋内、环转、引体向上。

常用练习动作： 俯卧撑（见第254页）。

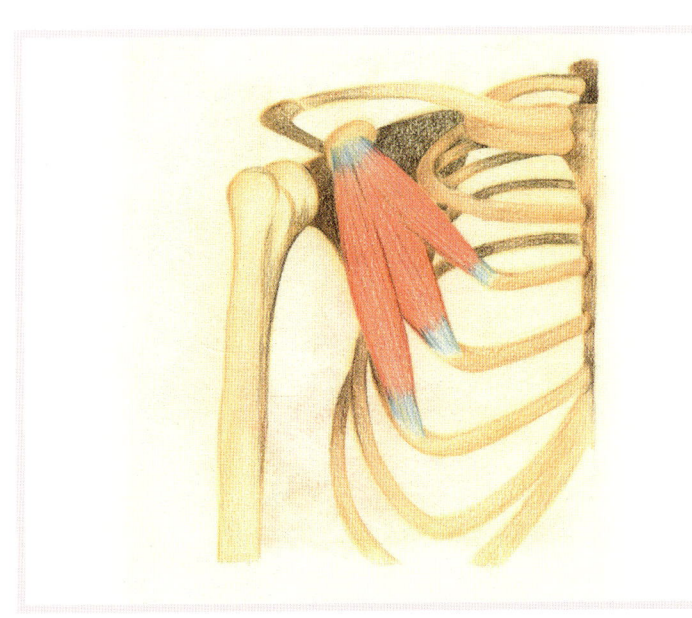

胸小肌

起点： 以分散的肌齿起自第3至第5肋骨和肋软骨结合处。

止点： 肩胛骨喙突。

作用： 使肩胛骨前伸、下降、下回旋，上提肋助深吸气。

常用练习动作： 大众健身人群不提倡过度强化。

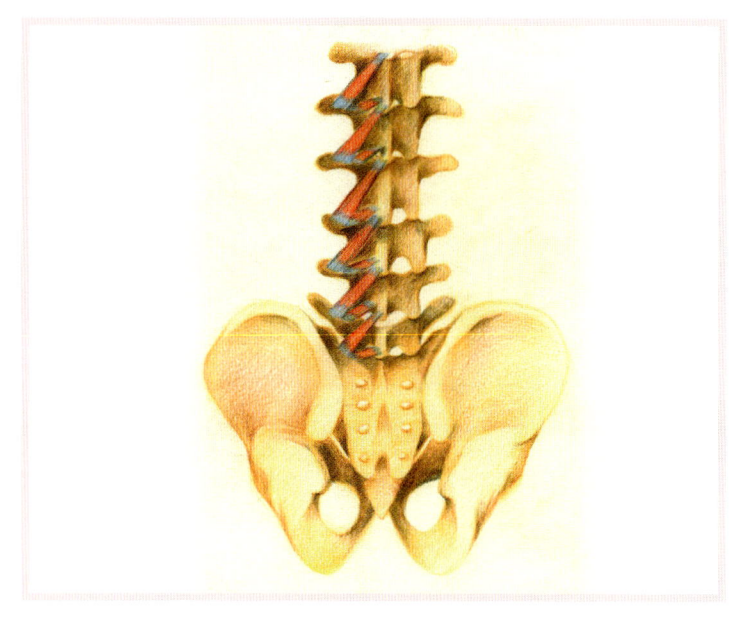

多裂肌

属椎骨间深层小肌肉，存在于脊柱全长。

起点： 横突。

止点： 上两节椎骨棘突。

作用： 保持脊椎稳定。

常用练习动作： 泳式（见第264页）。

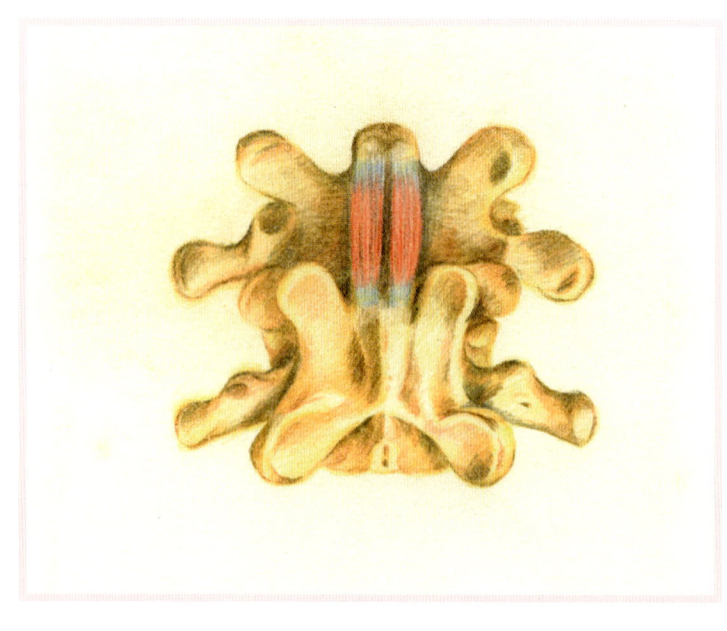

棘间肌

属椎骨间深层小肌肉，存在于腰椎到第2颈椎。

起点： 腰椎。

止点： 第2颈椎的棘突。

作用： 保持脊椎稳定。

常用练习动作： 基本背伸展（见第258页）、脊椎伸展（见第152页）。

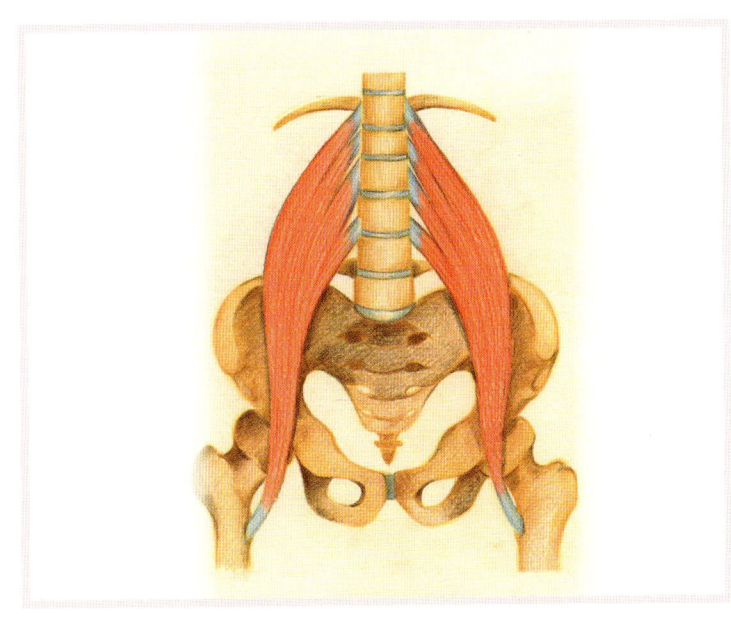

腰大肌

起点： 第12胸椎，第1至第4腰椎的椎体和横突。

止点： 股骨小转子。

作用： 屈大腿、骨盆前倾。

常用练习动作： 腘绳肌伸拉（见第100页）等举腿动作。

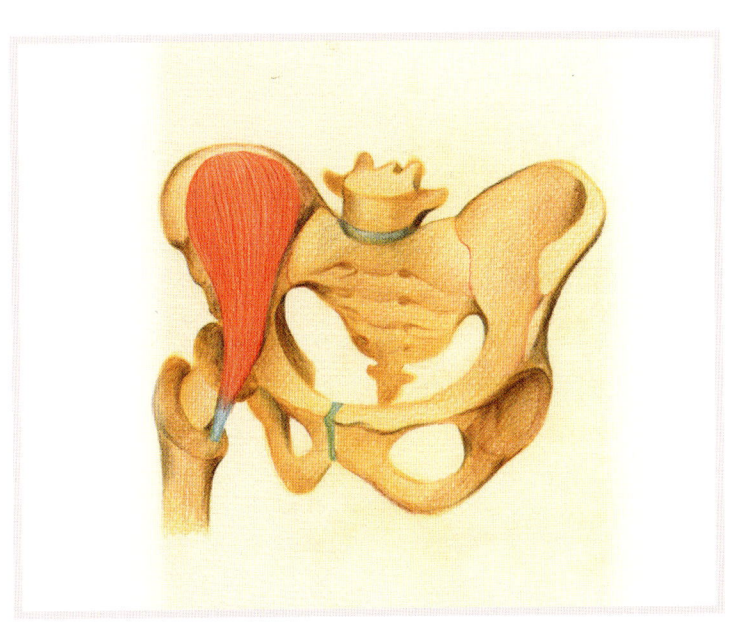

髂肌

起点： 骨盆髂窝。

止点： 股骨小转子。

作用： 屈大腿、骨盆前倾。

常用练习动作： T挑战预备式（见第138页）。

腹部肌肉

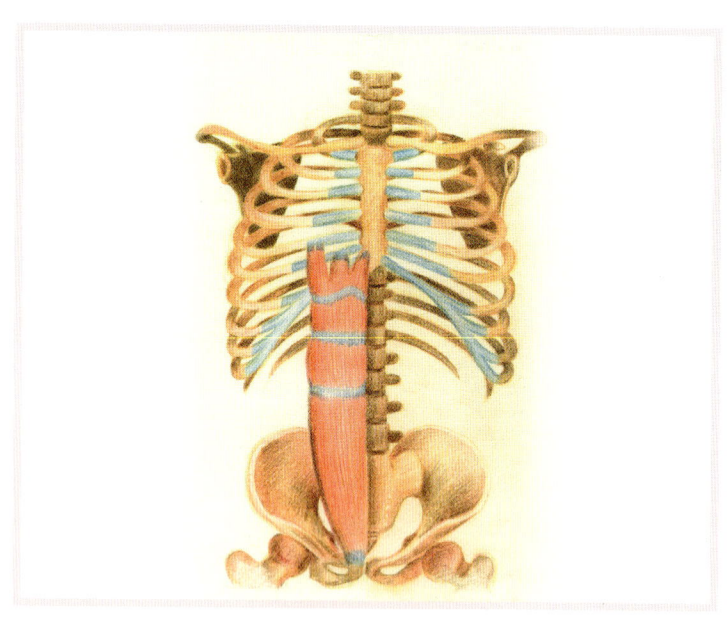

腹直肌

起点： 耻骨联合上缘和耻骨嵴。

止点： 胸骨剑突和第5至第7肋软骨前面。

作用： 收缩时使脊椎腰段屈曲、侧屈，使骨盆后倾，完成仰卧两头翘（或剪腿），还有降肋、协助呼吸的作用。

常用练习动作： T挑战系列（见第136~146页）、超越卷动（见第92页）。

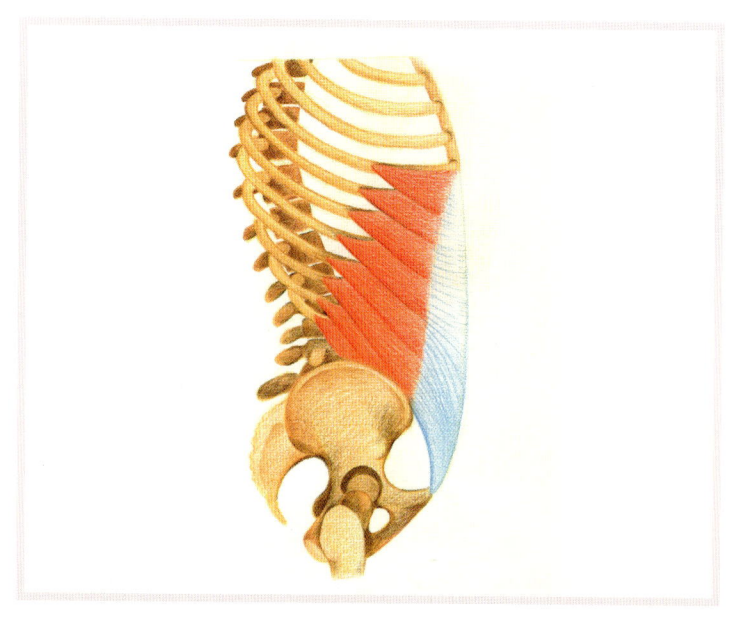

腹外斜肌

起点： 下8个肋骨的外侧面。

止点： 髂嵴，耻骨结节及腹白线。

作用： 使脊柱腰段屈曲、侧屈、回旋，使骨盆后倾，并有降肋、协助呼吸作用。

常用练习动作： 腹斜肌单腿交叉伸展（见第80页）。

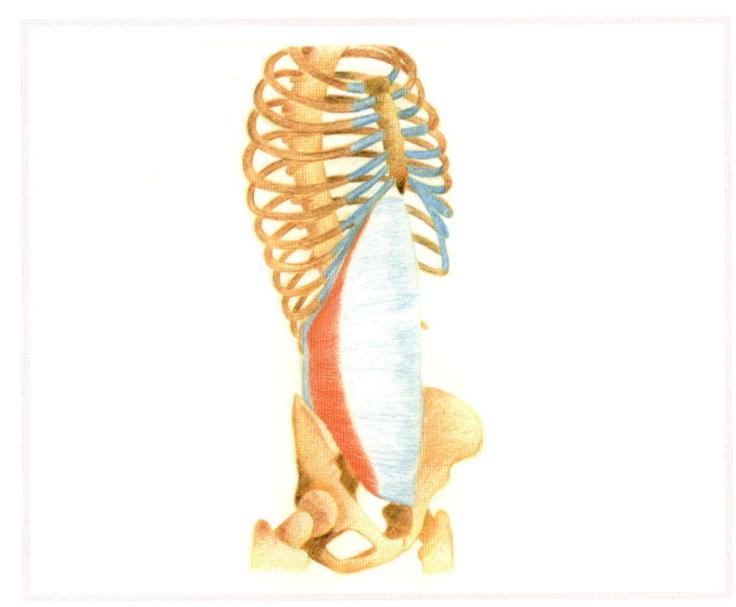

腹内斜肌

起点： 胸腰筋膜，髂嵴和腹股沟韧带外侧1/2处，后部肌束几乎垂直上行。

止点： 下3个肋骨及腹白线，前部肌束向前上方延为腱膜，参与腹直肌鞘前壁、后壁。

作用： 同腹外斜肌协同作用，完成脊柱腰段回旋。

常用练习动作： 腹斜肌单腿交叉伸展（见第80页）。

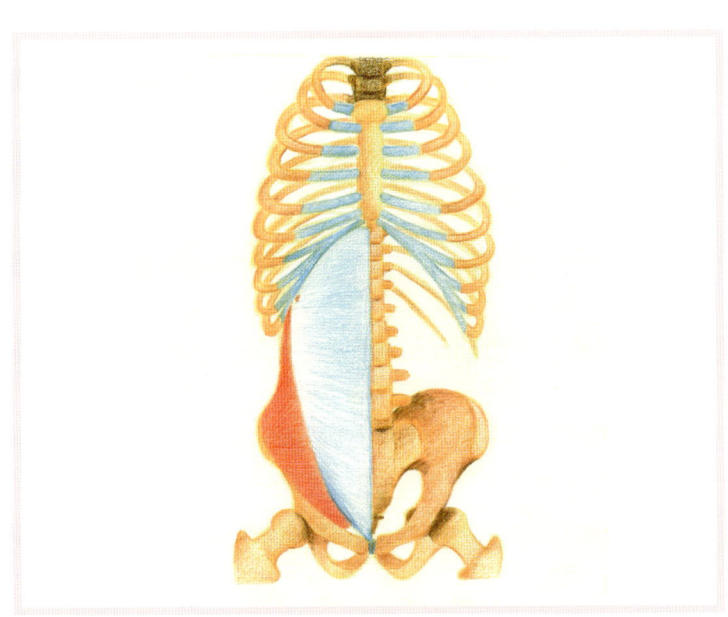

腹横肌

起点： 下6个肋骨内侧面，胸腰筋膜，髂嵴和腹股沟韧带外侧1/3处。

止点： 腹白线。

作用： 维持腹压、稳定重心。

常用练习动作： 桥式平衡（见第266页）。

上肢肌肉

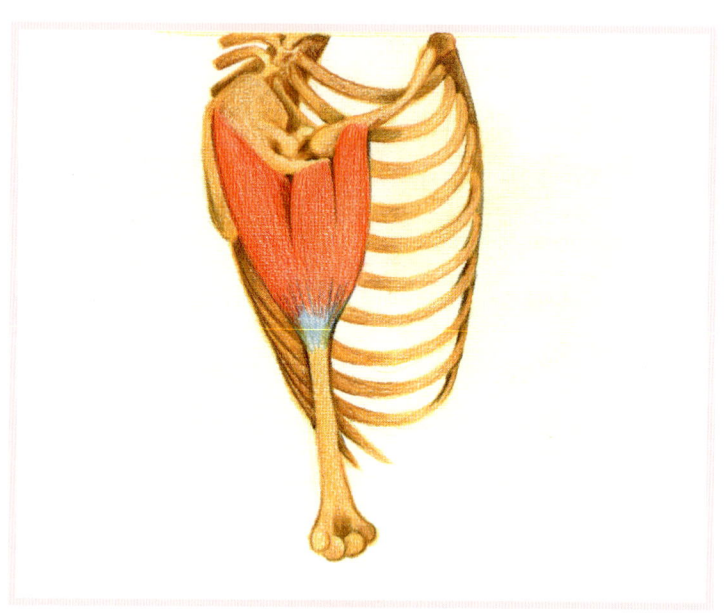

三角肌

起点：前束起自锁骨外侧端，中束起自肩峰，后束起自肩胛冈。

止点：肱骨外三角肌粗隆。

作用：肩关节外展、屈、伸、旋内及旋外、水平伸与屈。

常用练习动作：旋蹲（见第288页），手臂画圈（见第292页）。

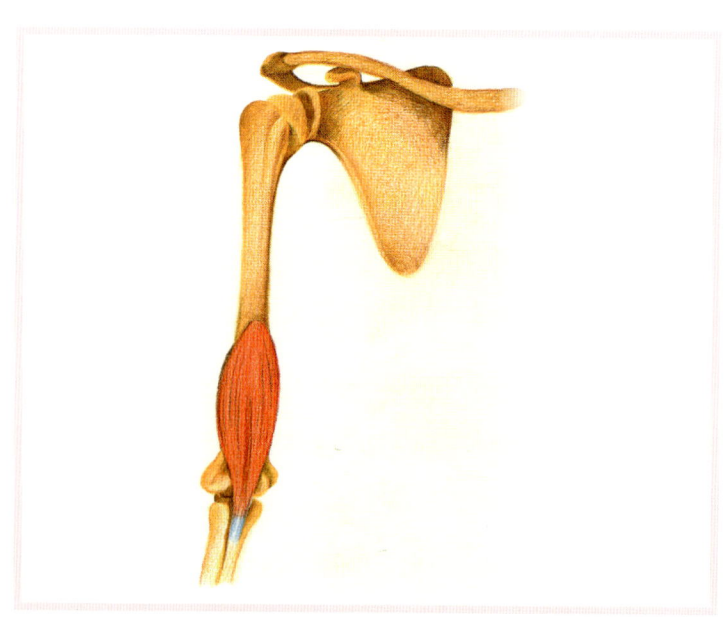

肱肌

起点：肱骨下半段前面。

止点：尺骨冠突及尺骨粗隆。

作用：屈肘。

常用练习动作：俯卧撑（见第254页）。

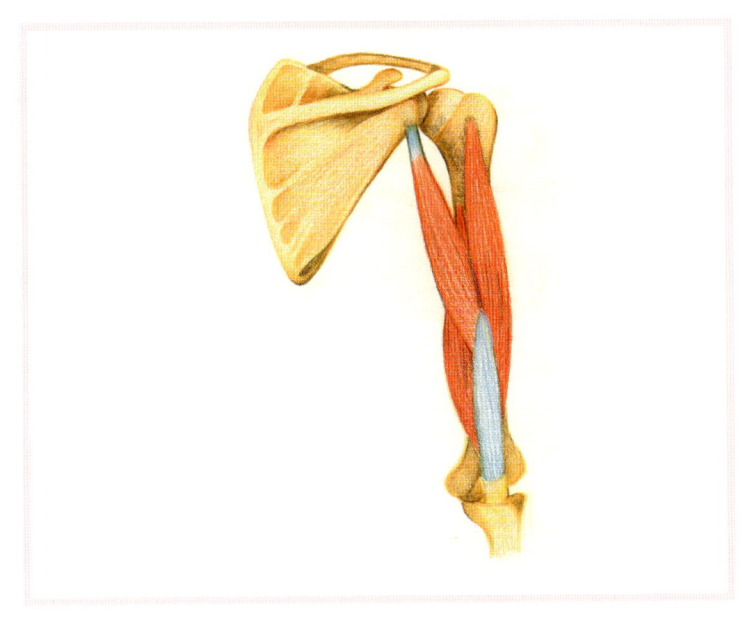

肱三头肌

起点： 长头起自肩胛骨盂下结节，外侧头起自桡神经沟外上方骨面，内侧头起自桡神经沟内下方的骨面。

止点： 尺骨鹰嘴。

作用： 使上臂在肩关节处伸、伸肘。

常用练习动作： 弹力带颈后臂屈伸（见第313页）。

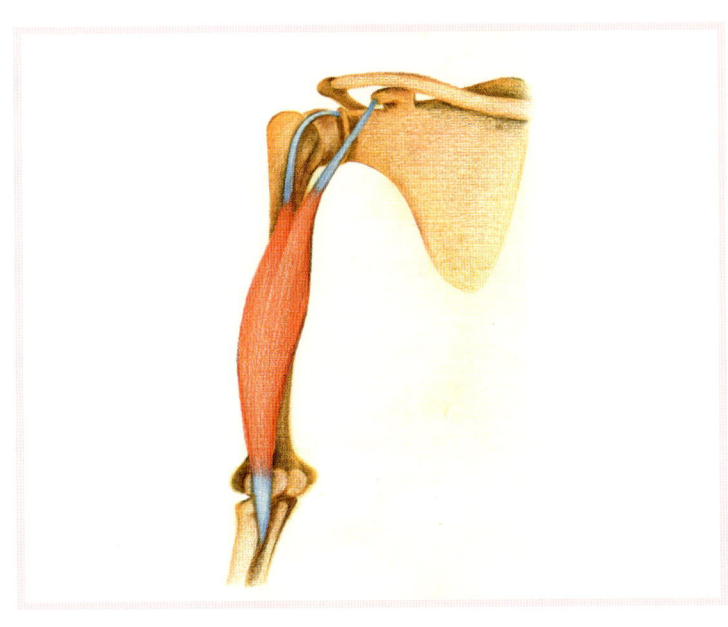

肱二头肌

起点： 长头起自肩胛骨盂上结节，短头起自肩胛骨喙突。

止点： 桡骨粗隆和前臂筋膜。

作用： 使上臂在肩关节处屈，屈肘，合前臂在肘关节处旋外，为前臂肌提供附加支撑结构。

常用练习动作： 俯卧撑（见第254页）。

盆底肌肉（属于深层核心肌）

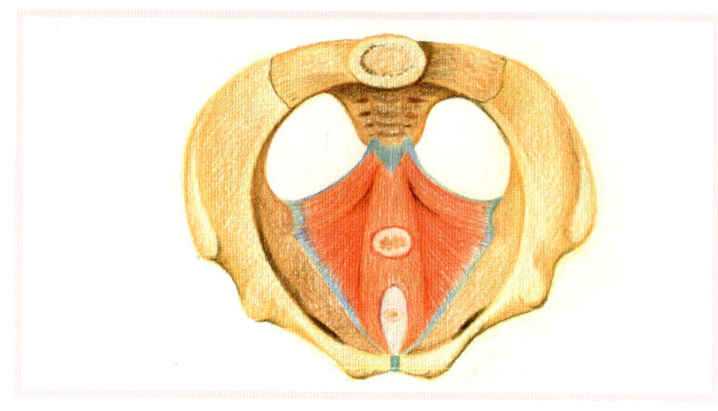

髂尾肌

是提肛肌的重要组成部分。

起点： 坐骨棘和盆筋膜腱弓（白线）的后部。

止点： 前部肌束在肛尾缝处与对侧相续，后部肌束附着于骶骨下端，正中肌束附着于肛门和尾骨之间。

作用： 支持盆腔脏器。

常用练习动作： 收缩肛门会阴、肚脐贴向斜上方脊柱。

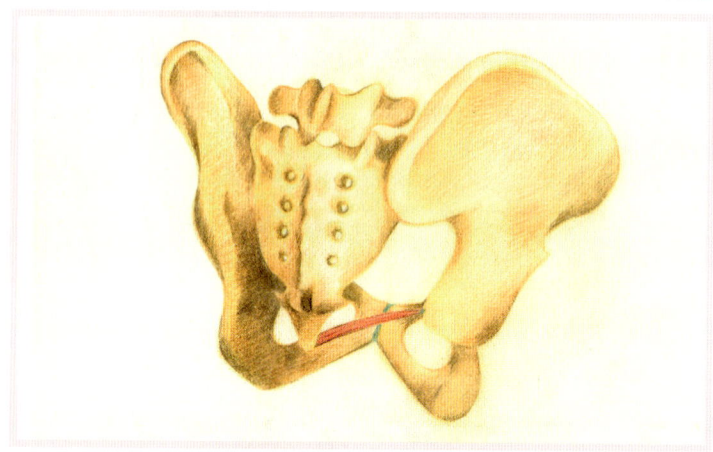

尾骨肌

起点： 坐骨棘。

止点： 尾骨。

作用： 辅助肛提肌。

常用练习动作： 收缩肛门会阴、肚脐贴向斜上方脊柱。

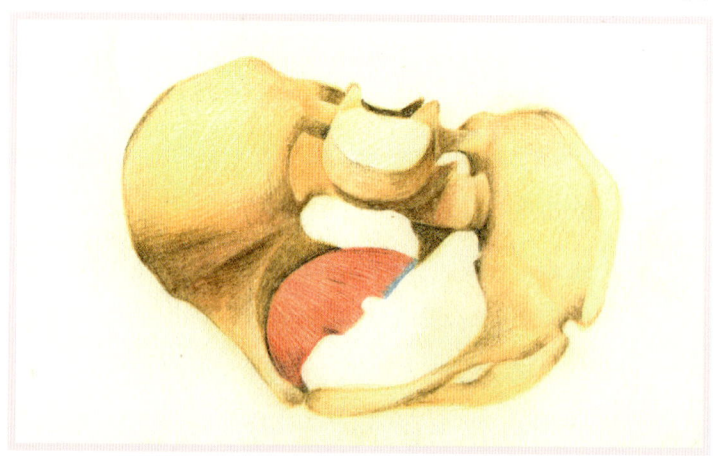

耻尾肌

分为提肌板和肛门悬带两部是提肛肌的重要部分。

起点： 耻骨背面，盆筋膜腱弓前部。

止点： 两侧肌束在肛尾缝交叉成一致密的腱膜，少数纤维不交叉直接附着于尾骨尖。

作用： 对盆腔脏器有坚强的支持作用。

常用练习动作： 收缩肛门会阴、肚脐贴向斜上方脊柱。

臀部肌肉

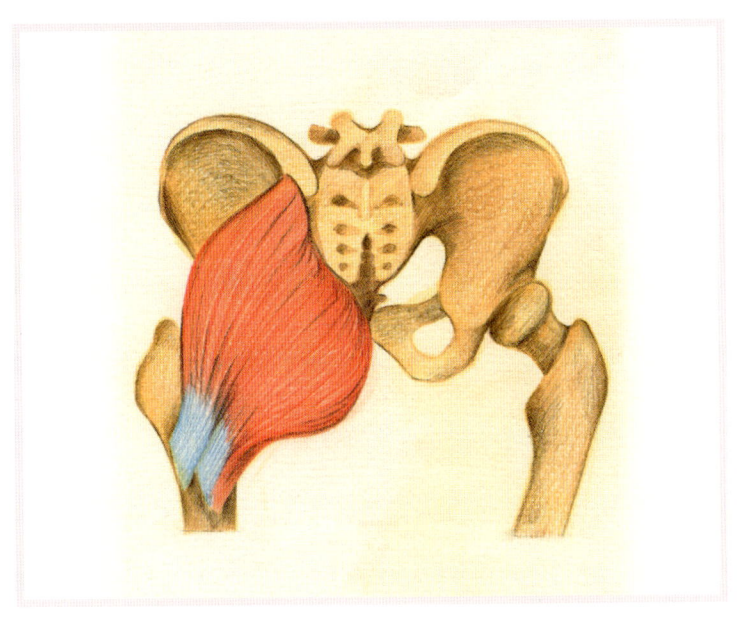

臀大肌

起点：髂骨翼外面后部和骶骨背面。

止点：股骨的臀肌粗隆和髂胫束。

作用：使大腿在髋关节处伸、旋外、外展、内收，使骨盆向对侧旋转、后倾，维持人体直立。

常用练习动作：俯卧腿抬起（见第260页）。

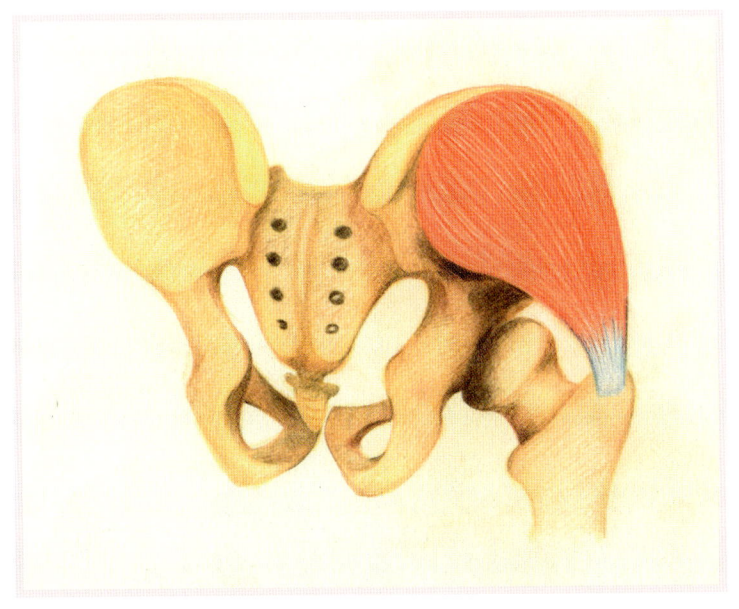

臀中肌

起点：髂骨翼外面。

止点：股骨大转子。

作用：使大腿在髋关节处外展、屈和旋内、伸和旋外，使骨盆前倾、后倾、同侧倾、旋转。

常用练习动作：蚌式（见第218页）、蚁式（见第221页）等。

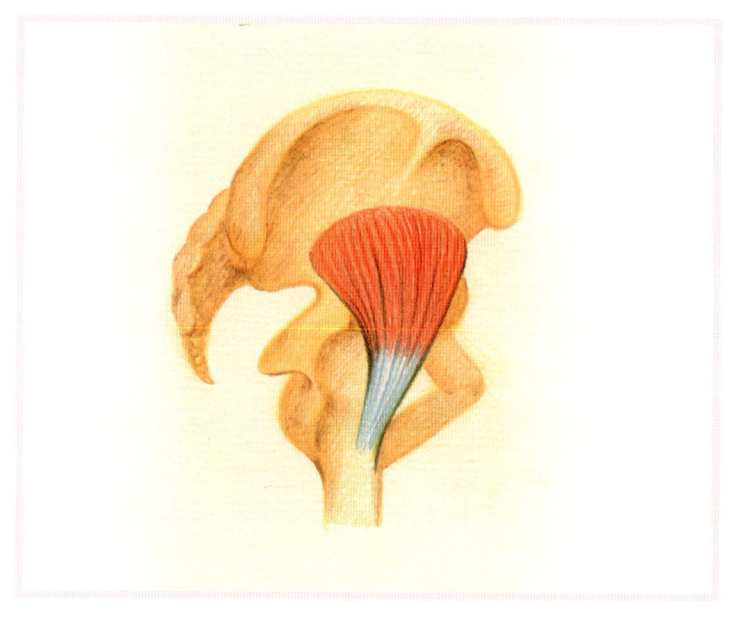

臀小肌

臀小肌位于臀中肌深层。其起止点、功能作用及常用练习方法均同臀中肌。

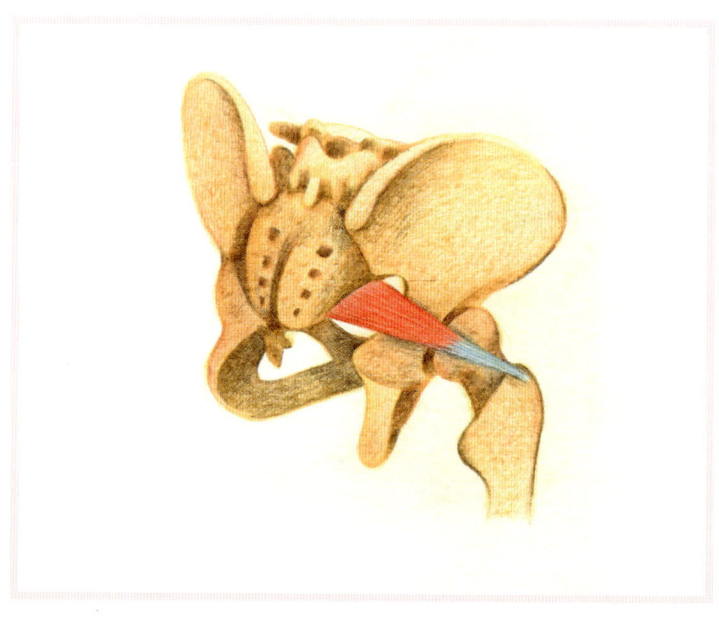

梨状肌

起点： 骶骨第2、第3、第4节前面骶前孔侧方。
止点： 股骨大转子尖部。
作用： 使大腿外旋、外展。
常用练习动作： 蚌式（见第218页）等。

下肢肌肉

腘绳肌（半腱肌、半膜肌、股二头肌）

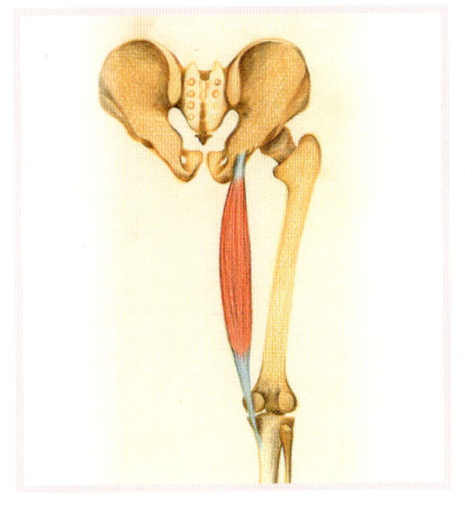
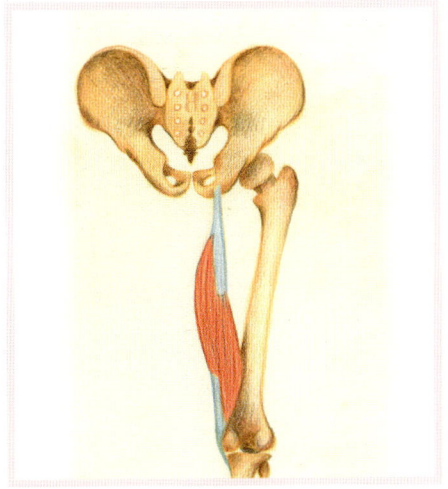
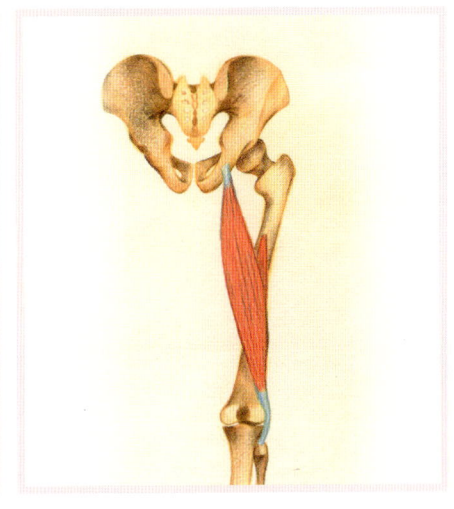

半腱肌

起点：坐骨结节后侧。

止于：胫骨粗隆内下侧。

作用：屈膝关节，使屈位的膝关节旋内，伸大腿。

常用练习动作：单/双腿踢（见第268页和第270页）等俯卧腿弯举动作。

半膜肌

起点：坐骨结节。

止点：胫骨内侧髁后面。

作用：与半腱肌相同。

常用练习动作：单/双腿踢（见第268页和第270页）等俯卧腿弯举动作。

股二头肌

起点：长头，坐骨结节后外侧（半腱肌起点外侧）；短头，股骨粗线外侧唇中1/3段。

止点：二头合成一个扁腱止于腓骨头。

作用：屈膝关节，使屈位的膝关节旋外（膝关节唯一的旋外肌）；长头伸髋关节。

常用练习动作：单/双腿踢（见第268页和第270页）等俯卧腿弯举动作。

股四头肌（股直肌、股中间肌、股内侧肌、股外侧肌）

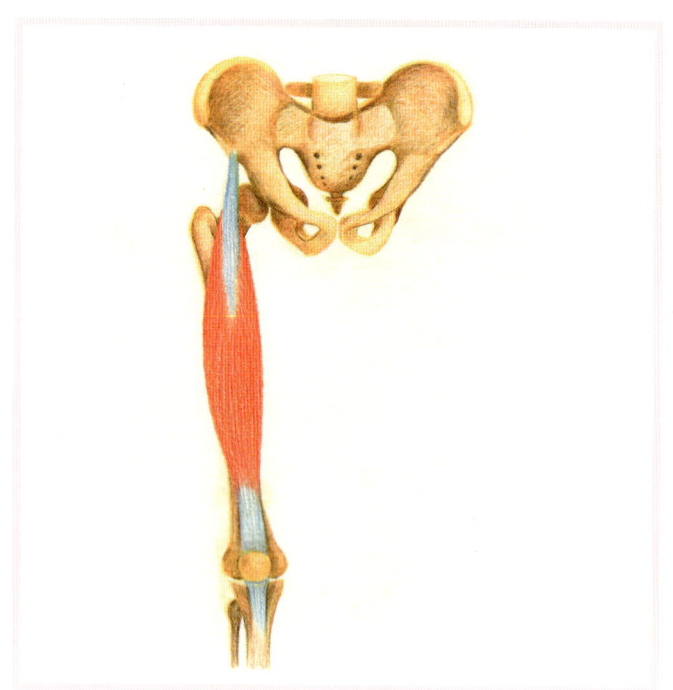

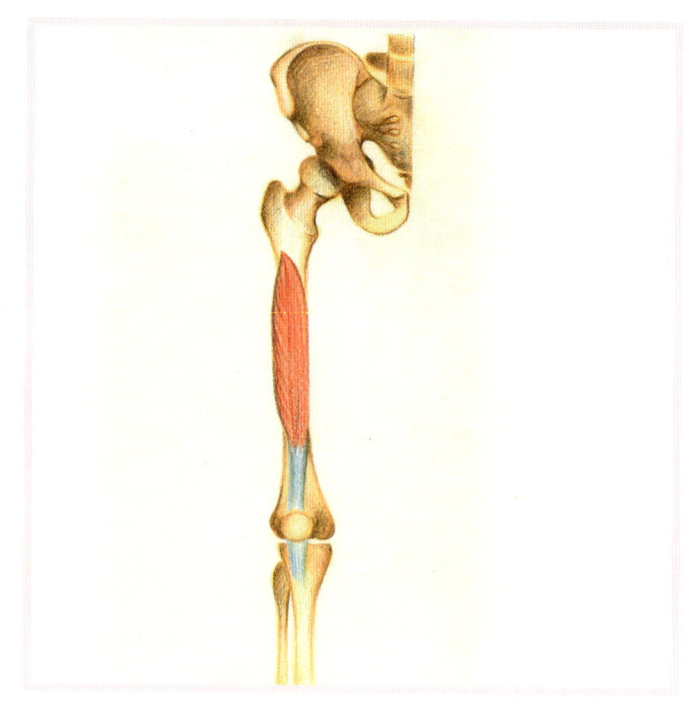

股直肌

起点： 骨盆髂前下棘。

止点： 髌骨底（加上髌腱的延续也可称为止于胫骨粗隆）。

作用： 伸小腿、协助屈大腿。

常用练习动作： T挑战预备式（见第138页）等直腿上举动作。

股中间肌

起点： 股骨体前面。

止点： 髌骨底（加上髌腱的延续也可称为止于胫骨粗隆）。

作用： 伸小腿。

常用练习动作： 康康舞式（见第168页）等小腿伸动作。

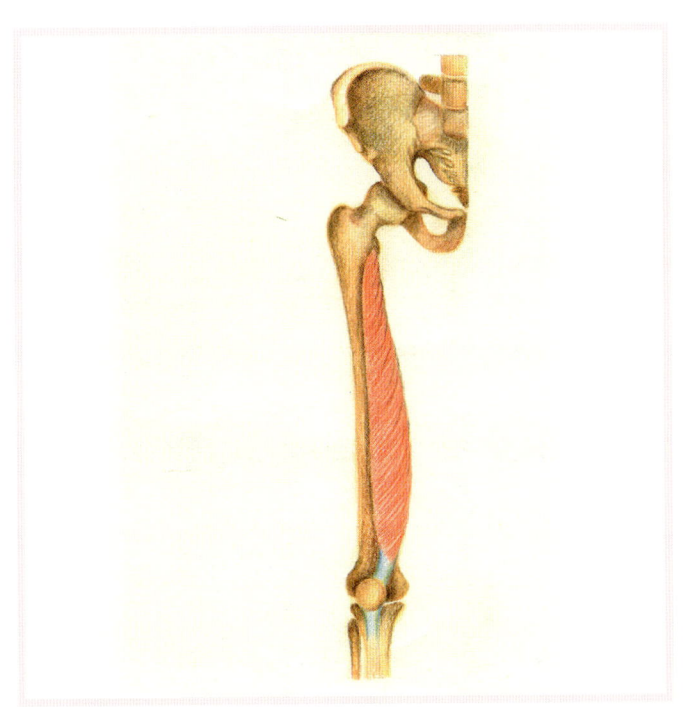 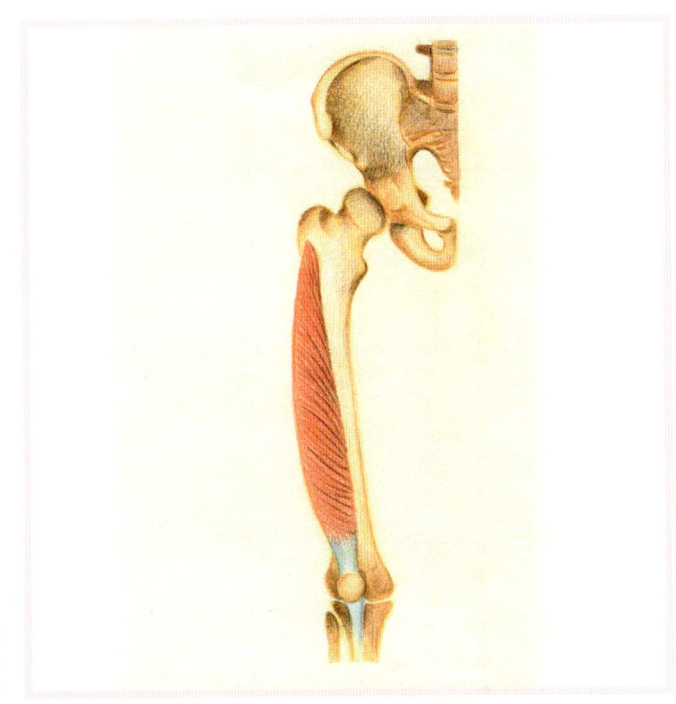

股内侧肌

起点： 股骨粗线内侧唇。

止点： 髌骨底（加上髌腱的延续也可称为止于胫骨粗隆）。

作用： 伸小腿。

常用练习动作： 康康舞式（见第168页）等小腿伸动作。

股外侧肌

起点： 股骨粗线外侧唇。

止点： 髌骨底（加上髌腱的延续也可称为止于胫骨粗隆）。

作用： 伸小腿。

常用练习动作： 康康舞式（见第168页）等小腿伸动作。

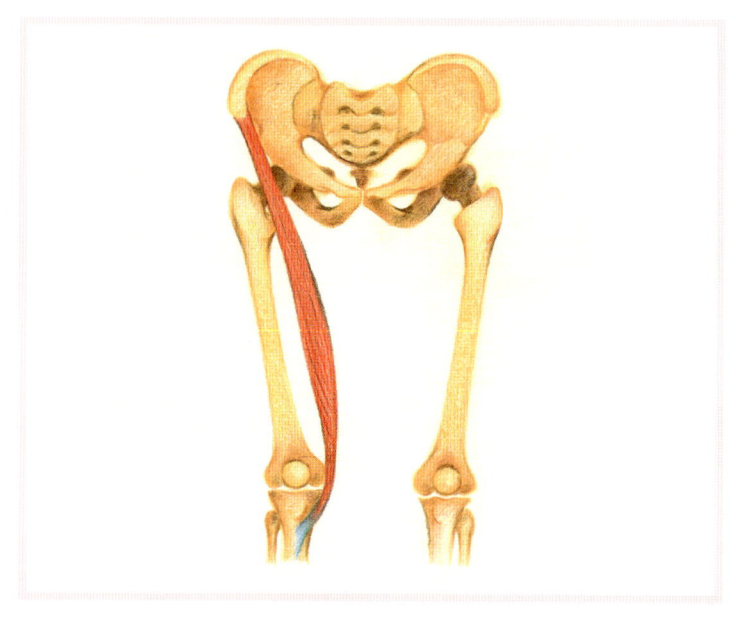

缝匠肌

起点： 髂前上棘。

止点： 胫骨上端内侧。

作用： 使大腿在髋关节处屈、旋外，使小腿在膝关节处屈、旋内，使骨盆前倾，增加膝关节的稳定性。

常用练习动作： 侧卧巴特曼（见第196页）等。

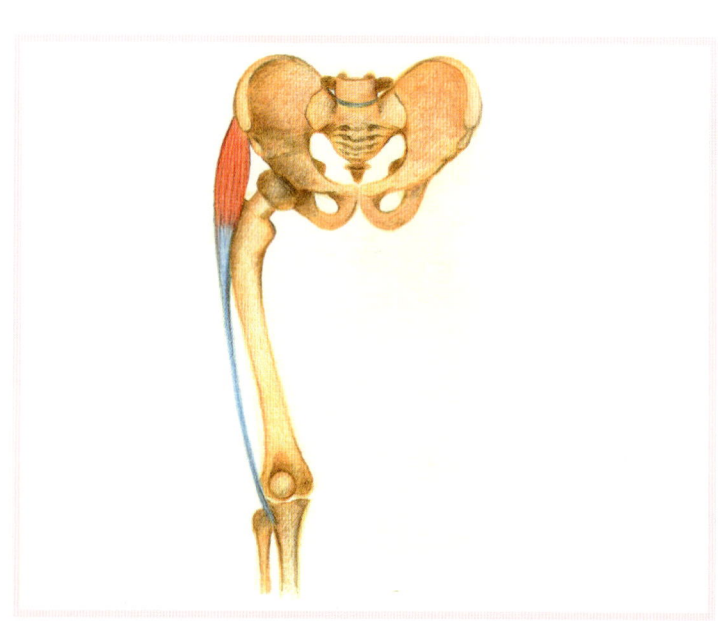

阔筋膜张肌

起点： 髂前上棘，在大腿上1/3处移行于髂胫束。

止点： 胫骨外侧髁。

作用： 参与大腿在髋关节处屈、外展和旋内，使骨盆前倾。

常用练习动作： 单腿侧提（见第192页）。

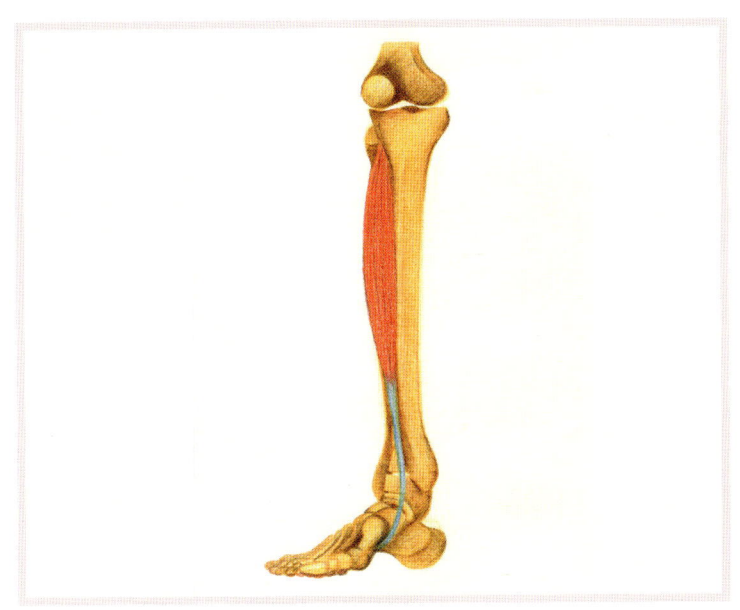

胫骨前肌

起点：起于胫骨外侧面。

止点：脚内侧楔骨及第1跖骨底。

作用：使脚在踝关节处伸、内翻。使小腿在踝关节处伸，与腓骨长肌共同维持足横弓。

常用练习动作：康康舞式（见第168页）等动作中的小腿踢出动作。

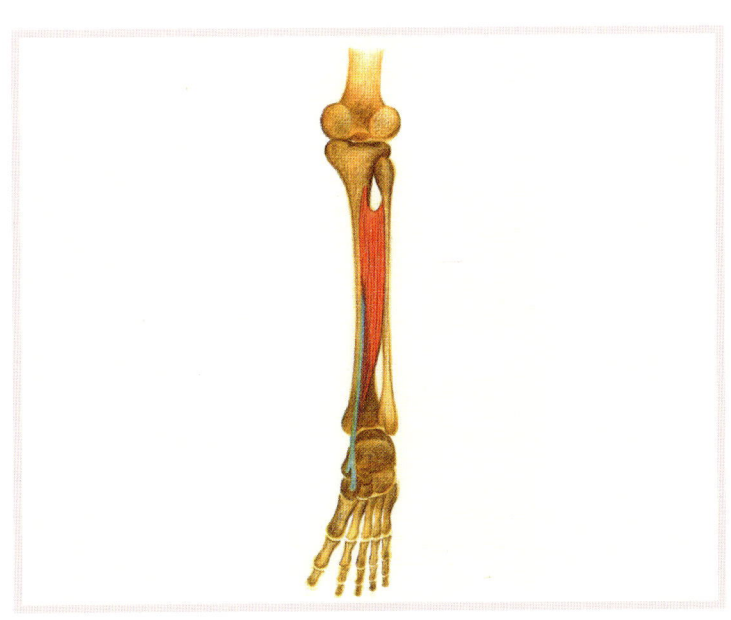

胫骨后肌

起点：起于胫、腓骨后面和小腿骨间膜，肌腱经内踝后方转至脚底。

止点：止于足舟骨和全部楔骨。

作用：维持脚弓，保持脚尖站立，使小腿在踝关节处屈，使脚在踝关节处屈及内翻。

常用练习动作：提踵练习（见第39页）等。

腓骨肌（腓骨短肌、腓骨长肌、腓肠肌）

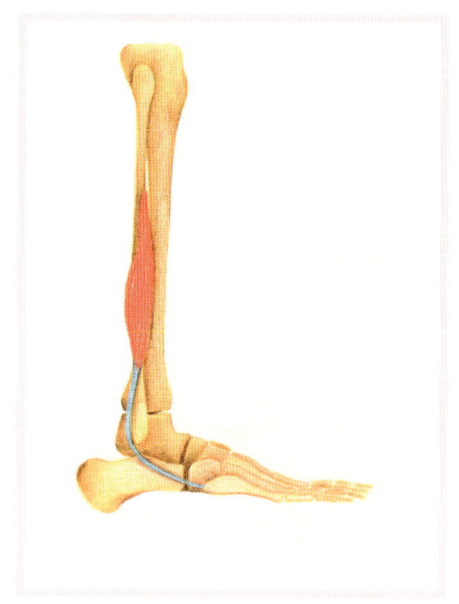
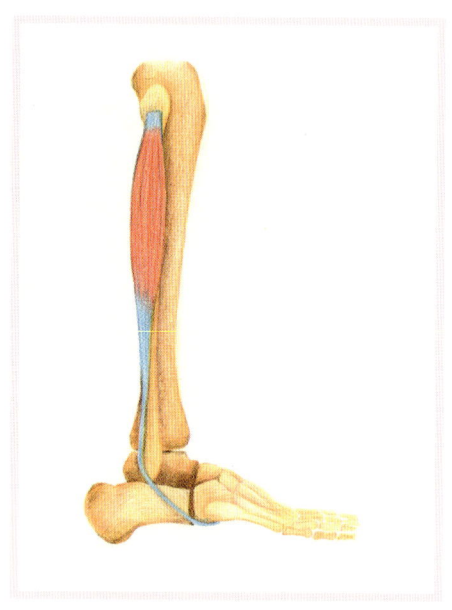
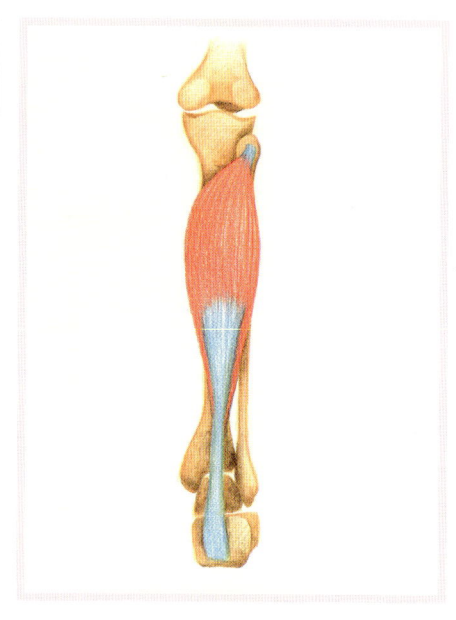

腓骨短肌

起点： 起于腓骨外侧下1/3处，肌腱经外踝后面转至脚底。

止点： 止于第5跖骨粗隆。

作用： 参与站立姿势的维持，使小腿在踝关节处屈，使脚在踝关节处屈及外翻。

常用练习动作： 脚部练习（见第33页）、背墙站立（见第34页）等。

腓骨长肌

起点： 起于腓骨外侧面，肌腱经外踝后面转至脚底。

止点： 止于内侧楔骨及第1跖骨底。

作用： 维持脚横弓及外侧纵弓，参与维持站立姿势，使小腿在踝关节处屈，使脚在踝关节处屈并外翻。

常用练习动作： 脚部练习（见第33页）、背墙站立（见第34页）等。

腓肠肌

起点： 腓肠肌的内外两个头分别起于股骨的内外侧髁后面。

止点： 以跟腱止于跟结节。

作用： 跖屈踝关节，屈膝关节，维持人体直立姿势。

常用练习动作： 提踵练习（见第39页）。

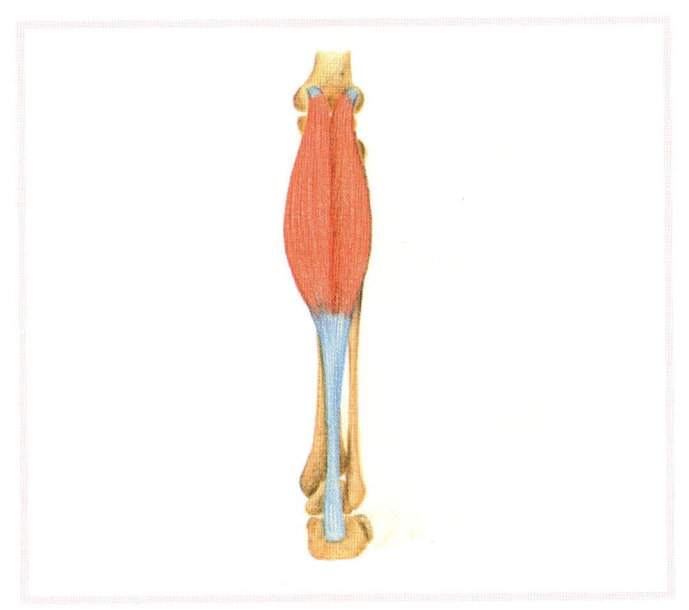 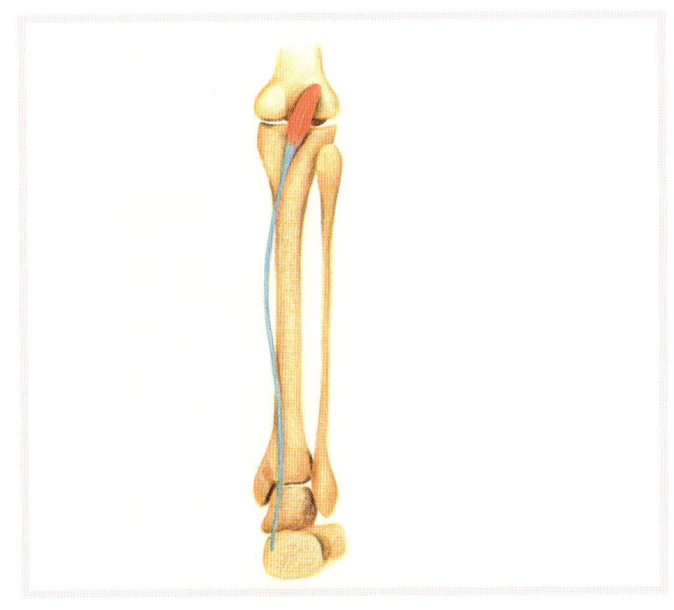

比目鱼肌

起点： 腓骨头后面，腓骨干后面上1/3，胫骨后上面的比目鱼肌线。

止点： 以跟腱止于跟结节。

作用： 跖屈踝关节。

常用练习动作： 提踵练习（见第39页）。

跖肌

起点： 腓肠肌外侧头起点内侧。

止点： 跟结节。

作用： 辅助腓肠肌。

常用练习动作： 提踵练习（见第39页）。

注：该附录肌肉分类方法更便于初学者理解。如想进一步细分，建议系统学习专业的医学人体解剖图谱。